Der Mann ohne Gewissen

oder vom Schurken zum Sträfling

Nicholas Carter

Writat

Diese Ausgabe erschien im Jahr 2024

ISBN: 9789359940748

Herausgegeben von
Writat
E-Mail: info@writat.com

Inhalt

KAPITEL I.
Ein neugieriger Angestellter.

„Büro für geheime Ermittlungen."

Nick Carter warf einen Blick auf das oben abgebildete Schild über der Tür, eine unprätentiöse und etwas verblasste Erinnerung an bessere Tage, während er die Steintreppe hinunterstieg, die in die Kellerbüros der Bostoner Polizei führte.

Das Sonnenlicht lag warm und hell an diesem Maimorgen um zehn Uhr auf dem Pemberton Square und übergoss das prächtige neue Gerichtsgebäude mit einem goldenen Glanz, der zweifellos mit der klugen Rechtsprechung vereinbar war, sich aber von einigen der Schrecklichen in ungeheuerlicher Abwechslung befand Erlebnisse und düstere Episoden, die sich manchmal innerhalb dieser prächtigen, sonnenbeschienenen Wände abspielen.

Nick bog im Hauptkorridor nach rechts ab und betrat das angrenzende Büro, einen recht geräumigen Raum, in dem die allgemeinen Geschäfte dieser Geheimdienstabteilung der örtlichen Polizeibehörde abgewickelt wurden.

Als Nick eintrat, war die Abtrennung hinter dem hohen Schreibtisch des Prokuristen, der ebenfalls mit einem Messinggitter versehen war, zufällig leer. In einer Ecke des Zimmers war jedoch ein untergeordneter Angestellter damit beschäftigt, ein kleines Leck im Wasserhahn des Eiswasserbehälters zu reparieren, und an diesen jungen Mann wandte sich der berühmte New Yorker Detektiv.

„War der Chef heute Morgen da?" er hat gefragt.

Der Angestellte sprang wie erschrocken von seiner Arbeit auf, trocknete sich die Hände mit dem Taschentuch und starrte Nick mehrere Augenblicke lang scharf an. Doch in den ernsten, klaren Gesichtszügen des Fremden konnte er nichts Vertrautes entdecken.

Nach allem, was dieser Angestellte wusste oder vermutete, könnte Nick ein gewöhnlicher oder sehr bescheidener Bürger gewesen sein, der stillschweigend vorbeigekommen war, weil er nichts Besseres zu tun hatte.

„Chef Weston?" Er kam fragend zurück und musterte Nick immer noch scharf.

„Es gibt keinen anderen Chef in dieser Abteilung, oder?" war Nicks Antwort mit einem subtilen Anflug von Ironie.

„Na ja – nein.“

„Chief Weston, ja“, verneigte sich Nick. „Ist er in seinem Büro?“

„Das glaube ich.“

"Beschäftigt?"

„Ich schätze, das ist er gerade.“

„Rechnen Sie, was? Weißt du es nicht?“

„Ja, Sir, er ist beschäftigt“, sagte der Angestellte jetzt etwas knapp und errötete leicht unter dem scharfen Blick und den leisen, beharrlichen Fragen des Detektivs.

„Ich glaube, er ist nicht zu beschäftigt, um mich zu sehen“, antwortete Nick mit trockener Gewissheit. „Geh rein und sag ihm, dass ich hier bin.“

"Wer bist du?"

„Egal, wer ich bin.“

„Ich nehme Ihre Karte entgegen.“

„Keine Karte“, sagte Nick knapp.

„Dann dein Name?“

„Noch irgendein Name.“

"Aber--"

„Sagen Sie dem Chef einfach, dass sein Freund aus New York hier ist.“

Der Ausdruck in den Augen des irritierten Angestellten verlor nichts von seinem forschenden Interesse, dennoch bekamen sie jetzt ein ganz anderes Licht, als wäre ihm plötzlich eine Idee gekommen. Dennoch runzelte er leicht die Stirn und sagte:

„Wenn Sie Einwände gegen die Nennung Ihres Namens haben –“

„Ich habe Einwände, junger Mann“, unterbrach Nick ihn nun mit bedrohlich ruhiger Entschlossenheit. „Ihr Chef hat möglicherweise Personen in seinem Büro, vor denen ich meinen Namen nicht bekannt geben möchte. Jetzt gehst du zu ihm und überbringst mir meine Botschaft genau so, wie ich sie dir gegeben habe, nicht mehr und nicht weniger, sonst wirst du ganz plötzlich etwas fallen hören – vorausgesetzt, du behältst noch deine Sinne.“

Jetzt lachte der Angestellte, als amüsierten ihn die kühlen Worte der leisen Drohung, dann drehte er sich schnell um und verschwand in einem kurzen Durchgang zwischen dem Vorzimmer und Chief Westons Privatbüro.

Nick blickte ihm mit eher fragendem Blick nach – ein schlanker Kerl von etwa fünfundzwanzig Jahren mit rötlichem Haar, dünnen Gesichtszügen, einem fahlen Teint voller Sommersprossen und einem Gesicht, das von zwei schmalen grauen Augen erhellt wurde, so grünlich-grau manchmal in den Augen einer Katze gesehen.

„Ich frage mich, welchen Nutzen sie hier für ihn haben?" Sagte Nick zu sich selbst, während er wartete. „Wenn ich Chef in diesem Laden wäre, wäre die Wahrscheinlichkeit groß, dass dieser rothaarige Affe in kurzer Zeit sein Wanderticket bekommt."

Das Thema dieser unkomplizierten Überlegungen kam in weniger als einer Minute zurück.

„Sie müssen sofort hineingehen, Sir – auf diese Weise", verkündete er leichthin und mit viel mehr Respekt.

Gleichzeitig öffnete er Nick den Weg in die Umzäunung und durch den erwähnten Durchgang .

„Danke", sagte Nick mit einem halben Knurren.

„Erwähnen Sie es nicht", grinste der Verkäufer. „Geradeaus, Sir. Chief Weston sitzt an seinem Schreibtisch."

Nick hörte inzwischen das Trampeln von Männern durch einen Korridor, der an die gegenüberliegende Seite des Vorbüros angrenzte, und er wusste, dass Chief Weston sie sofort entlassen hatte, um ihn unter vier Augen zu empfangen.

„So, so; Das Geschäft ist wichtig", vermutete er zu Recht.

Die Tür schloss sich hinter Nick von selbst, aber das Schnappen des Schlosses hing in Flammen, bis die herzliche Stimme des Bostoner Kriminalbeamten, als er aufstand und Nicks Hand ergriff, durch den Raum erklang.

„Wie geht es dir, Nick?" er weinte herzlich. „Ich bin tausendmal mehr als froh, dich zu sehen, Carter, mein Wort."

„Dasselbe gilt für dich, Weston", lachte Nick. „Es ist einige Zeit vergangen, seit wir uns kennengelernt haben."

„Eine zu lange Zeit, was?“

„Das stimmt auch.“

„Nehmen Sie einen Stuhl.“

Jetzt schnappte der Schnappverschluss leicht.

Ein Finger zwischen Tür und Türpfosten war zurückgezogen worden.

Ein rötlicher Kopf löste sich von der Tafel, ein Ohrenpaar hörte mit seiner angestrengten Aufmerksamkeit auf, ein leichter Schritt wich durch den Gang zurück, und zwei schmale graue Augen wie die einer Katze zeigten an, dass ihr Besitzer nun seine neugierige Sehnsucht befriedigt und das gelernt hatte Name des Besuchers, der so gebieterisch seine Befehle erteilt hatte.

Als Nick einen Stuhl in der Nähe von Weston an seinem Schreibtisch akzeptierte, wies er achtlos mit dem Daumen auf die Tür, durch die er eingetreten war.

„Wo hast du ihn her, Weston?“ fragte er trocken.

„Wen holen?“ fragte der Häuptling mit fragenden Augen.

"Der Angestellte."

„Hyde – derjenige, der dich angekündigt hat?“

"Das gleiche."

„Oh, er arbeitet seit etwa einem Jahr an den Büchern da draußen. Er ist nur ein Hilfssekretär.“

"Ah ich sehe."

"Warum hast du gefragt?"

"Ohne Grund."

"Unsinn! Du musst einen Grund gehabt haben, Nick.“

„Keine Konsequenz“, lächelte Nick. „Ich habe tatsächlich nur nach ihm gefragt, weil ich ihn fairerweise hierher fahren musste, als ich mich weigerte, eine Karte einzusenden oder meinen Namen zu erwähnen.“

Chief Weston warf den Kopf zurück und lachte.

„Das ist leicht erklärt“, sagte er immer noch lachend. „Ich knurre ihn in regelmäßigen Abständen laut an, Nick, weil er mich mit Besuchern nervt, die ich weder kenne noch sehen möchte. Ich verstehe ihn jedoch nach und nach, sodass er den gesamten Stammbaum eines Anrufers benötigt, bevor er ihn ankündigt, was meiner Meinung nach ein ungefähr ebenso schlimmer Fehler ist. Aber Sandy geht es gut, auf seine ganz eigene Art.“

„Sandy, was? Das ist ein Spitzname, nehme ich an, wegen seiner roten Haare?"

„Nein, nicht ganz. Sein Name ist Sanderson Hyde."

„Ah, genau so."

„Ich habe ihn aufgenommen, um einem befreundeten Journalisten den Gefallen zu tun", fügte Weston lächelnd hinzu. „Es ist immer gut, bei der Presse ganz oben zu stehen, wissen Sie."

„Das stimmt auch", nickte Nick, nun bereit, abzuschweifen. „Du hast mich aus New York hierher kommen lassen, Weston. Was willst du von mir?"

„Hast du meinen Draht?"

"Sicherlich."

„Ist Chick mitgekommen?"

„Nein", antwortete Nick auf diesen Hinweis auf seinen Chefassistenten. „Ich bin alleine vorbeigekommen."

„Bist du gerade in New York beschäftigt?"

„Ich bin immer beschäftigt, Weston."

„Zu beschäftigt, um eine kleine Arbeit für mich zu erledigen?"

"Wo?"

„In und um Boston."

„Was ist die Natur davon?"

„Es bringt nichts, dir alle Einzelheiten zu erzählen, Nick, es sei denn, du bist in der Lage, ein Angebot anzunehmen und mir zu helfen", erwiderte Chief Weston ernst. „Zuallererst, Nick, darf ich auf dich zählen?"

Die Brauen des gefeierten New Yorker Detektivs schlossen sich etwas enger über seinen scharfen grauen Augen. Er zog sich ein wenig auf seinem Stuhl zurück und bemerkte ernst:

„Ihr Geschäft ist wichtig, Weston, sonst hätten Sie mich nicht rufen lassen."

"Sehr wichtig."

„Eine ernste Angelegenheit?"

"Entschieden."

„Haben Ihre eigenen Männer es in Angriff genommen?"

„Ja, die Allerbesten."

„Ohne Ergebnisse?"

„Nichts als absolutes Scheitern."

„Sind sie jetzt an dem Fall tätig?"

"Manche von ihnen."

„Und Sie möchten, dass ich bei der Arbeit mitmache?"

„Das tue ich auf jeden Fall."

„Wenn ich dem zustimme, Weston, werde ich eine Bedingung stellen", sagte Nick entschieden.

„Das erwarte ich."

"Du tust?"

„Sicherlich", nickte der Chef. „Kenne ich Ihre Methoden nicht? Sie werden von mir verlangen, dass ich alle meine Männer von dem Fall abkomme und ihn ganz Ihnen überlasse."

„Das ist die Bedingung", sagte Nick unverblümt.

„Ich werde es akzeptieren."

„Und die Sache mir überlassen?"

"Genau. In keiner Weise dürfen Sie gestört werden."

"Sehr gut."

„Sie übernehmen die Arbeit für mich?"

„Ich werde hören, woraus es besteht", antwortete Nick mit geweckter Neugier. „Wenn das alles ist, was Ihre Bemerkungen implizieren – nun, Weston, dann können Sie sich darauf verlassen, dass ich ein Argument vorbringe."

"Hauptstadt."

„Jetzt machen Sie Schluss und erzählen Sie mir den Sachverhalt."

Chief Weston öffnete eine Schublade seines Schreibtisches und holte einen Stapel Papiere und Dokumente heraus, darunter ein ordentlich montiertes Foto von etwa fünf Zoll im Quadrat, wie man es mit einer kleinen tragbaren Kamera oder einer Kodak aufnehmen kann.

Während er die Papiere auf seinen Schreibtisch legte, reichte er Nick Carter das Foto und sagte eindrucksvoll:

„Untersuchen Sie das zuerst, Nick, und sagen Sie mir, was Sie davon halten."

KAPITEL II.
MODERNE STREICHER.

Während der Chef von Boston schweigend dasaß und ihn ansah, betrachtete Nick Carter das Foto mehrere Augenblicke lang aufmerksam.

"Hm!" Er grunzte sofort. „Das Bild ist ziemlich schlicht. Anscheinend sind sich zwei Autos auf einer einsamen Waldstraße begegnet."

"Genau."

„Von einem davon ist auf dem Bild nur ein Teil zu sehen", kommentierte Nick weiter die verschiedenen Details. „Das Foto wurde offenbar von einem Insassen eines der Autos gemacht."

"Richtig."

„Auf der Straße neben der anderen Maschine steht eine sehr große Frau, eng verschleiert, die einen Revolver richtet, offensichtlich auf die Insassen des anderen Autos."

"Genau."

„Sie sind auf dem Bild jedoch nicht zu sehen, außer der ausgestreckten Hand einer von ihnen, offensichtlich die Hand einer Frau. Sie reicht eine Handtasche, zwei Uhren und scheinbar mehrere Schmuckstücke an einen maskierten Mann, der neben der Frau steht, die den gerichteten Revolver hält."

„Das sind die Hauptmerkmale des Bildes, Nick", nickte Weston. „Was halten Sie davon?"

Nick blickte auf und antwortete:

„Für mich sieht es nach einem Überfall aus."

„Genau so war es."

"Wann und wo?"

„In der Nähe des Vororts Brookline, vor etwa einer Woche."

„Ist dies der Fall, für den Sie mich einsetzen möchten?"

"Einer von ihnen."

"Da sind andere?"

„Fünfzig, Nick, innerhalb der letzten zwei Monate."

"Wütend!" pfiff Nick mit hochgezogenen Brauen. „Ich habe in den Zeitungen gelesen, dass es bei Ihnen in der Gegend zahlreiche

Straßenraubüberfälle gegeben hat, aber ich hätte nicht gedacht, dass sie so häufig vorkommen, wie Sie behaupten."

„Weil nur ein kleiner Teil davon öffentlich gemacht wurde", antwortete Weston. „Ich habe viele unterdrückt, Nick, in der Hoffnung, dadurch einen nachvollziehbaren Hinweis auf die Gauner zu bekommen."

„Aber ihr tappt alle noch im Dunkeln?"

„Nie mehr, Nick", war die ernste Erwiderung. „In den letzten zwei Monaten gab es, wie ich bereits sagte, mehr als fünfzig dieser Straßenüberfälle."

„Früh und oft, was?"

„Auf jeden Fall. Darüber hinaus wurden diese Überfälle mit einer Kühnheit und Wagemut begangen, die ihnen einen besonders geheimnisvollen Charakter verleiht. Ob sie das Werk von zwei oder drei professionellen Gaunern oder das einer größeren organisierten Bande sind, ist schwer zu sagen. Auf jeden Fall, Nick, ist es uns absolut nicht gelungen, irgendeinen nachvollziehbaren Hinweis auf die Identität, die Aufenthaltsorte oder das Hauptquartier der Schurken zu finden."

„Wurden jemals zwei dieser Überfälle genau gleichzeitig begangen?"

„Das wurde nicht gemeldet."

„Wenn das passiert wäre", erklärte Nick, „wäre das ein Hinweis darauf, dass eine beträchtliche Bande am Werk ist."

„Zwei Überfälle an einem Abend kommen dem am nächsten", sagte Weston.

„Im selben Ort?"

„Im Umkreis von einer Meile voneinander."

„Waren die Gauner in einem Auto?"

„Ja, in beiden Fällen."

„Dann könnten beide Arbeiten von denselben Personen ausgeführt worden sein."

„Da bin ich mir ziemlich sicher, Nick, denn die gleiche Beschreibung der Diebe und ihres Autos wurde mir von den Opfern beider Gewalttaten gegeben."

„Arbeiten diese Gauner immer von einem Auto aus?"

„In den meisten der gemeldeten Fälle", verneigte sich Weston. „Aber manchmal sind sie zu Pferd und mehrmals zu Fuß aufgetaucht. Die Arbeit, Nick, ist die Arbeit von zwei oder mehr Männern und einer Frau, soweit ich das beurteilen kann, und alle von ihnen sind von außerordentlicher Nervenstärke, Kühnheit und Scharfsinnigkeit geprägt. Sie haben diese Verbrechen zu jeder Tages- und Nachtzeit begangen, häufig an ganz öffentlichen Orten, und konnten sich bisher völlig der Entdeckung und Verfolgung entziehen. Sie erledigen ihre schurkische Arbeit ausnahmslos mit einer Entschlossenheit und Schnelligkeit , die ihre Opfer, die normalerweise so verängstigt sind, völlig in Ehrfurcht versetzt …"

„Halten Sie einen Moment inne", sagte Nick ziemlich abrupt. „Ich möchte dir ein paar Fragen stellen, Weston."

"Sehr gut."

„Wenn ich mich entscheide, diesen Fall zu untersuchen, habe ich einige Punkte bereits geklärt und muss keine Zeit damit verschwenden, selbst nach den Informationen zu suchen."

„Genau", nickte der Chef. „Was möchtest du wissen?"

„Erstens zu den Gaunern selbst", sagte Nick. „Was haben Sie an Beschreibungen davon?"

Chief Weston lachte.

„Eine Sorte, Nick, die zu jedem Typ Mann passt, außer zu einem Buckelwal oder einem zerstückelten", antwortete er.

„Die Beschreibungen variieren, nicht wahr?"

"Ich sollte das sagen."

„Möglicherweise verwenden die Räuber bei jedem Auftrag eine andere Verkleidung."

"Sehr wahrscheinlich."

„Oder, wie es fast immer der Fall ist", sagte Nick, „die Opfer der Räuber waren zu diesem Zeitpunkt so verängstigt oder aufgeregt, dass sie nur vage und übertriebene Eindrücke von ihren Angreifern behalten."

"Genau."

„Um das zu veranschaulichen", fügte Nick hinzu, „ich kenne den Fall eines bekannten Preisboxers, der am helllichten Tag und nur fünfzig Meter vom Central Park entfernt aufgehalten und seiner Uhr und seines Geldes beraubt wurde." Er erklärte, der Dieb sei 1,80 Meter groß, wog 180 Pfund und werde von zwei Konföderierten unterstützt, an die er sich nicht mehr genau erinnern könne. Am nächsten Tag bekamen wir den Gauner."

"Ja?"

„Er war weniger als 1,70 Meter groß, wog 50 Kilogramm und erledigte die Arbeit ganz allein."

„Ein ziemlicher Unterschied!" rief Weston aus und lachte herzlich.

„Eher", lächelte Nick. „Tatsächlich hatte der Preiskämpfer solche Angst, als er sah, wie ihm ein Revolver unter die Nase gehalten wurde, dass der Gauner so groß wie ein Haus aufragte. Wahrscheinlich dachte er, dass ein solcher Auftrag nicht im Alleingang in Angriff genommen werden würde, und kam später zu dem Schluss, dass er die beiden Konföderierten sah und von der eingebildeten Tatsache so tief überzeugt war, dass er wirklich daran glaubte. Ich könnte zahlreiche ähnliche Fälle anführen."

„Das könnte ich auch, Nick."

„Beschreibungen sind überhaupt nicht zuverlässig, wie Sie andeuten, aber manchmal helfen sie einem ein wenig."

"Das ist richtig."

„Glauben Sie also im Großen und Ganzen, dass es in dieser Bande mindestens zwei Männer und eine Frau gibt?"

„Die gemeldeten Fälle überzeugen mich davon", verneigte sich Weston. „Dieses Bild zeigt außerdem die Frau, obwohl in den meisten gemeldeten Raubüberfällen zwei Männer erwähnt werden."

„Sind die Männer immer maskiert?"

"Nein nicht immer. Die Frau ist jedoch stets verschleiert, und die Beschreibungen der Männer weisen auf einen häufigen Wechsel der Verkleidung hin."

„Das ist zu erwarten", sagte Nick. „Nun zu dem Auto, das die Schurken benutzten. Wurden Versuche unternommen, es zu verfolgen oder aufzuspüren?"

„Wiederholte Versuche, Nick, die sich alle als erfolglos erwiesen haben."

„Konnte keines der Opfer seine registrierte Nummer melden?"

„Uns wurden ein Dutzend verschiedene Zahlen gemeldet", antwortete Chief Weston. „Aber Untersuchungen ergaben, dass sie alle frei erfunden waren."

„Dennoch könnten die Gauner ausfindig gemacht werden, Chef, wenn die Marke des Autos bekannt wäre", schlug Nick vor. „Das hätten einige dieser Leute leicht lernen müssen."

Chief Weston schüttelte den Kopf.

„Das wäre wahr, Nick, vorausgesetzt, die Schurken benutzten immer dieselbe Maschine", sagte er. „ Es wurde berichtet, dass zur Zeit der zahlreichen Überfälle ein halbes Dutzend verschiedener Autos von diesen Schurken benutzt wurden."

"Hm!" grunzte Nick und zuckte mit den breiten Schultern. „Offensichtlich haben diese Gauner beträchtliches Geld in ihr schurkisches Unternehmen investiert."

„Es sieht auf jeden Fall so aus."

„Wie wäre es mit den Pferden, auf denen sie reiten?" Als nächstes erkundigte sich Nick. „Kann der Besitzer von keinem von ihnen ermittelt werden?"

„In den wenigen Fällen, in denen Personen von einem Reiter aufgehalten wurden", antwortete Weston, „war der Straßenräuber meist allein." Der gegebenen Beschreibung zufolge hat er darüber hinaus ebenso viele Pferde wie Autos, denn er ist auf Grau-, Braun-, Rappen- und Sauerampferpferden aufgetaucht."

Nick lachte über die Unbefangenheit, mit der das letzte Wort gesagt wurde.

„Es kommt mir etwas seltsam vor, Weston, dass es keinem Ihrer Männer gelungen ist, diesen Desperados auf die Spur zu kommen", erwiderte er sofort. „Es kommt nicht oft vor, dass eine Straßenräuberbande lange der Entdeckung und Festnahme entgehen kann, wenn sie in und um eine Stadt wie Boston arbeitet."

„Das sind keine gewöhnlichen Schurken, Nick", erklärte Chief Weston mit Nachdruck. „Wenn ja, hätten wir sie schon vor langer Zeit landen sollen."

„Wo passieren diese Raubüberfälle normalerweise?"

„ Im Allgemeinen an einem einsamen Teil einer Vorstadtstraße, obwohl mehrere auch abends stattgefunden haben, mitten im Herzen von Brookline, Cambridge und Newton", antwortete Weston. „Es ist offensichtlich, dass die

Gauner ihre Opfer aus den wohlhabenderen Vororten auswählen, vermutlich mit der Absicht, noch mehr Beute zu machen."

„Wie gehen sie normalerweise vor?"

„Auf verschiedene Weise, Nick, meinen Berichten zufolge. Zeitweise blockieren sie mit ihrem Auto die Straße und überfallen die erste Autoparty, die auftaucht, die natürlich anhalten muss. Nachdem sie den Reisenden ihr Eigentum abgenommen hatten, zwangen die Gauner sie dann, ihre Maschine unter den Mündungen gerichteter Revolver umzudrehen und mit voller Geschwindigkeit davonzufahren. Wenn die verängstigten Opfer in wenigen Augenblicken zurückkehren, wie es ein- oder zweimal der Fall war, erreichen sie den Tatort und stellen fest, dass die Schurken geflohen sind."

„Natürlich", sagte Nick lächelnd.

„Tatsächlich haben sie unzählige Methoden angewendet, um eine Autoparty aufzuhalten", fügte Weston hinzu, „und sie schrecken ihre Beute ausnahmslos ein und kommen mit der Ware davon."

„Woraus besteht ihre Beute normalerweise?" fragte Nick.

„Geld und Schmuck. Sie nehmen ihren Opfern alles, was sie haben, und die meisten von ihnen geben lieber auf, als das Risiko einzugehen, kaltblütig erschossen zu werden."

„Konnten Sie gestohlenes Eigentum in den Pfandleihhäusern finden?"

„Kein Stück davon."

„Nach Ihren Berichten zu urteilen, Weston, wie hoch ist der Wert des Eigentums, das diese Straßenräuber bisher gesichert haben?"

„Tausende Dollar, Nick. Mindestens knapp fünfzigtausend."

„Hat es hier in letzter Zeit Hauseinbrüche gegeben?"

"Sehr wenig."

„Es sieht also so aus, als würden sich diese Schurken auf diese Straßenarbeiten beschränken."

„Ich denke schon", verneigte sich Weston.

Nick warf noch einmal einen Blick auf das Foto, das er immer noch in der Hand hielt.

„Das war einer dieser Überfälle, oder?" sagte er.

"Ja."

„Es ist in Brookline passiert?“

„Auf einer einsamen Straße, die nach Brookline führt“, antwortete Weston. „Bei den Opfern handelte es sich um Leute aus Brookline, denen Diamanten und Schmuck im Wert von rund fünfhundert Dollar geraubt wurden, einschließlich des Geldes, das sie bei sich hatten. Bei den Opfern handelte es sich um zwei Damen, die eine Nachmittagsfahrt in einer Stanley-Maschine unternahmen.“

„Hatten sie einen Chauffeur?“

"NEIN."

"Wie war das?"

„Eine der Frauen, Frau Badger, ist eine erfahrene Fahrerin und fährt häufig ohne Chauffeur.“

Nick warf noch einmal einen Blick auf das Foto – in diesem Moment träumte er kaum, doch was für einen wichtigen Hinweis er dann in der Hand hielt.

KAPITEL III.
NICK CARTER HALTET SICH AUF.

Obwohl er dem Foto damals keine besondere Bedeutung beimaß, zeigte sich in seiner nächsten Frage und der Plötzlichkeit, mit der sie gestellt wurde, dass Nick Carter von Natur aus besonders beeinflussbar war und dass jeder ungewöhnliche Umstand schnell seinen seltenen Detektivinstinkt weckte.

„Wie kam es dazu, Weston, dass dieses Bild der Szene während des Raubüberfalls aufgenommen wurde?"

„Ich werde es Ihnen sagen ", antwortete der Bostoner Chef.

„Einen Moment", warf Nick ein. „Erzählen Sie mir zunächst etwas über die Opfer des Raubüberfalls."

„Die erwähnte Frau Badger", antwortete Weston, „ist die Frau eines gewissen Amos G. Badger, eines wohlhabenden Börsenmaklers aus Boston. Er besitzt ein schönes altes Anwesen in einem der begehrtesten Außenbezirke von Brookline, das er vor einigen Jahren von seinem Vater geerbt hat, und das Paar bewegt sich in den exklusivsten Kreisen der örtlichen Modegesellschaft. Badgers Anwesen liegt an der Laurel Road und erstreckt sich über mehrere Hektar."

„Weiter", nickte Nick; "Ich folge dir."

"Frau. „Dachs Begleiterin an diesem Nachmittag war ihre Schwester", fuhr Weston fort, „eine Frau, die vor Ort unter dem Namen Madame Victoria bekannt ist."

„Berühmt wofür?" fragte Nick.

„Nun, sie behauptet, eine Astrologin, ein spirituelles Medium und eine Art Wahrsagerin zu sein, glaube ich", erklärte Chief Weston.

"Hm!"

„Auf jeden Fall, Nick, macht sie ein hervorragendes Geschäft und verfügt über eine prächtige Suite in einem Bürogebäude in der Tremont Street, direkt gegenüber dem Common. Unzählige wohlhabende und modebewusste Menschen konsultieren sie, sei es um Rat in geschäftlichen Angelegenheiten oder Liebesbeziehungen — oder um Nachrichten zu erhalten, die angeblich von toten Freunden stammen", fügte Weston hinzu und lachte ein wenig spöttisch.

„Davon halte ich nichts", sagte Nick unverblümt.

„Ich auch nicht, Nick", war die Antwort. „Dennoch ist die Frau sicherlich eine Persönlichkeit, und wenn die Berichte wahr sind, hat sie sehr viele bemerkenswerte Vorhersagen gemacht und zeigt eine höchst mysteriöse Fähigkeit, mit der unsichtbaren Welt zu kommunizieren."

„Bosh!"

„Wie du, Nick, habe ich kein Vertrauen in diesen Mist!" lachte Weston. „Dennoch kenne ich ein halbes Dutzend Makler, die sie regelmäßig über den Kursverlauf an der Börse konsultieren, sowie viele andere Geschäftsleute, die alle behaupten, daraus große Vorteile zu ziehen. Ihre Zimmer werden immer von irgendeinem Gast, sei es männlich oder weiblich, belegt und ihre Honorare sind sehr hoch. Es könnte also sein, dass etwas mehr drin ist, Nick, als du dir vorstellst."

Nick schüttelte ungläubig den Kopf.

„Komm zurück zu Hekabe", knurrte er. „Sie sagen, dass diese Frau die Schwester von Badgers Frau ist?"

"Ja."

„Wie ist ihr richtiger Name?"

„Victoria Clayton."

„Zumindest ein wohlklingender Name."

„Badgers Frau war eine Claudia Clayton und stand einmal auf der Bühne", fuhr Weston fort. „Auch sie ist eine bemerkenswert kluge und fähige Frau, eine versierte Linguistin, eine Verfechterin der Körperkultur, eine erfahrene Tennis- und Golfspielerin und eine der besten Cross-Country-Reiterinnen unter den kultivierten Sportlern, die sich solchen Freizeitbeschäftigungen widmen . Tatsächlich sind beide Frauen überdurchschnittlich und außergewöhnlich."

„Hat Badger seine Frau von der Bühne aus geheiratet?"

„Ich glaube nicht, Nick. Sie war vor einiger Zeit in den Ruhestand gegangen. Ich glaube, sie sind seit etwa fünf Jahren verheiratet ."

„Komm zurück zum Bild", sagte Nick. „Es muss genau zum Zeitpunkt des Überfalls entwendet worden sein."

"Ja, war es."

„Wussten die Gauner davon?"

"In der Tat nicht."

„Wie wurde der Trick durchgeführt?" fragte Nick neugierig. „Es kommt nicht oft vor, dass Profi-Gaunern solch ein cleverer Trick unterlaufen wird."

„Die Frau, die es getan hat, ist klug, genau wie ich Ihnen sage.“

„Erzähl mir, wie es passiert ist.“

„Ich werde Ihnen die Fakten so mitteilen, wie sie mir mitgeteilt wurden.“

"Von wem?"

„Von Amos Badger und seiner Frau“, antwortete Chief Weston. „Er benachrichtigte mich telefonisch über den Raubüberfall und rief am nächsten Morgen mit seiner Frau hier an, um die Einzelheiten des Überfalls zu melden. Zwei Tage später, sobald es fertig und montiert war, brachte mir Badger das Foto.“

„Was ist mit dem Überfall?“

„Es wurde vor etwa einer Woche um drei Uhr nachmittags begangen“, sagte Weston. "Frau. Badger und ihre Schwester, Madame Victoria, kehrten von Canton nach Brookline zurück. Als sie sich an einem einsamen Abschnitt einer Straße befanden, die durch einen ausgedehnten Waldgürtel führte, bogen sie um eine scharfe Kurve und stießen plötzlich auf ein großes Auto, das schräg auf der anderen Straßenseite stand. Ein Mann schien gerade dabei zu sein, eine Bruchstelle im Bauwerk zu reparieren, und kauerte daneben, während eine Frau in der Nähe auf der Straße stand und ihn offenbar beobachtete.“

„Waren sie die einzigen Insassen dieses Autos?“

„Ja, wie das Bild zeigt. Sie waren auch die einzigen Personen, die in beide Richtungen zu sehen waren.“

„Die Maschine scheint eine Winton zu sein.“

„Das war es, Nick, denn Mrs. Badger hat es bemerkt.“

„Weiter“, nickte Nick. "Was mehr?"

„Natürlich wurde Mrs. Badger langsamer und blieb fast stehen, denn die Straße war fast vollständig durch das andere Auto blockiert“, fuhr Weston fort. „Dann trat die verschleierte Frau, die auf dem Bild zu sehen war, plötzlich vor, zielte mit einem Revolver und befahl Frau Badger, ihr Auto nicht ohne Erlaubnis zu starten.“

"Hm!" rief Nick aus. „Das war in der Tat mutig.“

„Im selben Moment sprang der Mann, der maskiert war, auf, ging auf die beiden erschrockenen Frauen zu und befahl ihnen, ihnen ihren Schmuck und ihr Geld zu übergeben und dabei sehr lebhaft zu sein.“

„Was sie getan haben?“

„Ja, Nick, denn die Frauen waren natürlich sehr beunruhigt. Beide beeilten sich, zu gehorchen, obwohl Madame Victoria, wie ich glaube, es sich vorgenommen hatte, etwas zu argumentieren oder zu protestieren. Sie wurde jedoch mit einer Drohung unterbrochen, die sie schnell zum Schweigen brachte."

"Ich verstehe."

„Sie hatte jedoch auf dem Sitz des Autos eine kleine Kamera, die sie häufig bei sich trägt. Eine ihrer Lieblingsbeschäftigungen besteht darin, schöne Ansichten zu sichern, von denen sie mehrere große Bände besitzt. Als sie nach unten schaute, beobachtete sie es und hatte die Geistesgegenwart, es mit der Hand zu verbergen, während sie es gleichzeitig knipste und glücklicherweise das Bild erwischte, das Sie dort haben. Ich habe ihr gesagt, dass es eine kluge Arbeit war, Nick, aber es ist sehr bedauerlich, dass die Gesichter der Gauner verdeckt waren. Ansonsten müssten wir einen Hinweis haben, der es wert ist, besprochen zu werden."

„Ich glaube deine Geschichte", stimmte Nick zu.

„Nachdem die Gauner ihre Beute sichergestellt hatten, befahlen sie den Frauen, weiterzufahren, wozu sie sehr bereitwillig waren", schloss Weston. „Sie hatten zu viel Angst, um sich wieder auf die Suche nach den Schurken zu machen, eilten aber nach Hause, um mich telefonisch zu benachrichtigen."

Einige Momente lang hatte Nick einen ausgesprochen nachdenklichen Gesichtsausdruck aufgesetzt, als hätte er bereits ein Projekt im Kopf. Noch bevor der Chef ganz aufgehört hatte zu reden, sagte Nick außerdem unverblümt:

„Ich würde gerne mit Frau Badger sprechen."

"Mit dem Telefon?" fragte Weston und wunderte sich über den Wunsch.

„Nein, persönlich."

„Das können Sie leicht tun, indem Sie nach Brookline gehen."

"Ich werde gehen!" rief Nick und erhob sich abrupt. „Ich nehme an, dass ich dieses Foto für kurze Zeit behalten darf?"

"Sicherlich."

„Was mein Vorhaben betrifft, die Schurken, die sich dieser Raubüberfälle schuldig gemacht haben, zusammenzutreiben – nun, ich werde Ihnen meine Antwort etwas später geben", fuhr Nick fort, als er die

Tür öffnete, durch die er eingetreten war. „Ich habe keinen Zweifel, alter Freund, dass es eine positive Antwort sein wird."

„Das hoffe ich, Nick, da bin ich mir sicher", erklärte Weston, als er Erstgenanntem ins Vorbüro folgte, wo Nick kurz stehen blieb.

Sanderson Hyde, der auf einem Hocker in der Umzäunung saß, schien mit seinen Büchern beschäftigt zu sein und blickte nicht einmal zu den Eindringlingen auf.

„Gehst du sofort raus?" erkundigte sich Weston.

„Ja", antwortete Nick und steckte das Foto in seine Tasche. „Ich möchte Frau Amos Badger ein paar Fragen stellen. Wenn ich ein öffentliches Auto finde, Weston, werde ich wohl damit rausfahren. Es ist das schnellste Transportmittel, und heute ist ein schöner Morgen für eine Fahrt."

„Was Sie suchen, finden Sie unten an der Ecke", antwortete Weston. „Die Maschine ist in Ordnung, und der Mann auch. Grady ist sein Name. Erwähne meines, Nick, und es wird keine Anklage erhoben."

„Oh, ich werde schon dafür sorgen, dass Grady sein Honorar bekommt", lachte Nick, als er sich umdrehte, um das Büro zu verlassen. „Wir sehen uns später, Weston, wahrscheinlich heute Nachmittag."

„Tu es", nickte dieser.

Dann wandte er sich an den vielbeschäftigten Angestellten und fügte etwas scharf hinzu:

„Was hast du zu diesem Mann gesagt, Hyde, als er heute Morgen hier hereinkam?"

Der junge Sanderson Hyde blickte mit hochgezogenen Brauen auf.

„Nichts von Bedeutung, Chef", antwortete er respektvoll. „Nur ein paar Worte zum Einsenden seiner Karte."

„Kennen Sie den Mann?"

"Nein Sir. Ich kann mich nicht erinnern, ihn jemals gesehen zu haben."

„Nun, wenn Sie ihn das nächste Mal sehen, schauen Sie ihn sich genau an, denn dieser Mann ist Nick Carter, der größte Detektiv, der jemals in Leder gestanden hat."

„Die Dicken!" keuchte Hyde mit offensichtlichem Erstaunen. „Das ist nicht Ihr Ernst, Chef! Nicht Nick Carter selbst?"

„Ich sage immer, was ich meine", knurrte Weston. „Führen Sie ihn anschließend unverzüglich in mein Büro."

Die Katzenaugen folgten der stämmigen Gestalt des Sprechers, als er durch den Flur zurückkehrte, und plötzlich ertönte das Knacken des Schlosses durch das Büro.

Dann legte Mr. Hyde seinen Stift nieder und kam aus dem Gehege. Sein Gang war leichter und vorsichtiger , als es das normale Geschäft hätte erfordern können. Er warf einen scharfen Blick in die beiden angrenzenden Korridore, lauschte einen Moment lang aufmerksam, dann huschte er in einen Telefonschrank in der Nähe und schloss die Tür fest.

Nick Carter fand Grady an der erwähnten Ecke, einen klug aussehenden jungen Iren, der in einem hervorragenden Flitzer saß und die Morgenzeitung las.

„Kennen Sie Laurel Road, Brookline, Mr. Grady?“ fragte Nick und blieb neben der Maschine stehen.

„Ich weiß ziemlich genau, wo es ist, Sir“, sagte Grady, wachsam fürs Geschäftliche. „Ich kann es für dich finden, alles klar.“

„Bring mich da raus“, sagte Nick und stieg auf den Sitz. „Zum Haus von Herrn Amos Badger.“

„Der Makler, Sir“, nickte Grady. „Ich kenne den Mann, Sir. Ich werde Sie in dreißig Minuten da draußen landen, Sir, oder weniger, wenn Sie das Wort sagen.“

„Ich habe es nicht besonders eilig“, sagte Nick. „Halten Sie sich an die Geschwindigkeitsbegrenzung.“

Er verriet Grady weder seinen Namen, noch dass er vom Polizeipräsidium kam. Er unterhielt sich auch nicht viel mit dem Mann, denn Nick war in Gedanken über die ihm gemachten Enthüllungen und die verschiedenen Möglichkeiten der Arbeit vertieft, die er übernehmen sollte.

Grady seinerseits hielt sein Wort nicht ganz. Er lief ein oder zwei Meilen vom direkten Kurs zur Laurel Road ab und musste dann den großen Chestnut Hill-Stausee umrunden, um auf die richtige Spur zu kommen.

Es gibt zahlreiche bewaldete Straßen am Rande des modischen Brookline, entlang derer die attraktiven Wohnhäuser weit verstreut oder durch weitläufige Anwesen geteilt sind; und über eine dieser Straßen schickte Grady seine Maschine schneller, um die verlorene Zeit aufzuholen.

Plötzlich kam aus einem kleinen Waldstück, etwa fünfzig Meter entfernt, ein betrunkener Kerl auf die Straße gestolpert, als wäre er gerade aus einem Nickerchen im Gebüsch erwacht; und Nick Carter, der ihn als erster sah, sagte schnell zu seinem Fahrer:

„Pass auf diesen Kerl auf, Grady.“

„Ich sehe ihn, Sir“, nickte Grady.

„Er hat eine Ladung an Bord.“

"Ich sollte das sagen."

Der alkoholisierte Mann hörte nun, wie sich ihm von hinten ein Auto näherte. Er drehte sich um und blieb unsicher mitten auf der Straße stehen, wo er schwankend und starrend stand, als wäre er zu verwirrt, um zu wissen, welche Straßenseite er suchen sollte, um nicht überfahren zu werden.

Grady wurde natürlich langsamer, als er kaum zwanzig Fuß von dem Kerl entfernt war.

„Raus aus der Straße!“ schrie er ungeduldig. „Ergreifen Sie die eine oder andere Seite, verdammt noch mal!“

Das Auto war völlig zum Stillstand gekommen.

Der Mann auf der Straße taumelte ein wenig zur Seite – und ein wenig näher.

Dann sprang er mit Bewegungen so schnell und entschlossen wie ein Blitzschlag vor, zückte ein Paar Revolver, richtete sie direkt auf die Köpfe der beiden Männer im Auto und rief scharf:

"Hände hoch! Wenn du die Maschine startest, Fahrer, blase ich dir den Kopf weg!“

Die Stimme war so fest und kalt wie Eis, doch ihr Klang klang so bedrohlich wie wenn sich Stahlklingen in einem tödlichen Kampf kreuzen.

Nick Carter hielt ziemlich den Atem an.

„Vom Donner aufgehalten!“ war sein erster Gedanke.

KAPITEL IV.
DIE FLUCHT.

Wie man das Beste aus dem Straßenräuber herausholt, war Nick Carters zweiter Gedanke.

Das schien nicht einfach zu sein, doch Nicks Hand wanderte instinktiv zu seiner Gesäßtasche.

"Stoppen! Hände hoch!"

Der wiederholte Befehl schnitt mit seiner bedrohlichen Intensität regelrecht durch die Luft.

Gradys Hände griffen bereits nach Wolken.

Nick Carter folgte nun seinem Beispiel und flog in die Luft.

In der Stimme, den Augen und der Haltung des Raufbolds auf der Straße lag etwas, das Nick davon überzeugte, dass Ungehorsam und Trotz mit Sicherheit eine Kugel nach sich ziehen würden.

Er sah außerdem, dass der Schurke genau zielte und dass sich der Finger am Abzug der Waffe, die seine eigene Brust bedeckte, bereits in dem Moment zusammenzuziehen begann, in dem er Anzeichen eines Kampfes zeigte.

„Wenn einer von euch sich bewegt, bevor ich es befohlen habe“, sagte der Straßenräuber, „eröffne ich sofort das Feuer auf euch.“ Und ich verfehle nie mein Ziel!“

Die Drohung wurde so ruhig ausgesprochen, als hätte der Sprecher sich lediglich nach der Tageszeit erkundigt, doch die Stimme verlor keinen Moment lang ihren furchtbar überzeugenden Klang.

Nick nutzte die Gelegenheit, um ihn genauer unter die Lupe zu nehmen, und war sich vergleichsweise sicher, dass er es mit demselben Mann zu tun hatte, der auf dem Badger-Foto zu sehen war.

Allerdings war der Kerl zu diesem Zeitpunkt grob bekleidet und hatte einen weichen Filzhut über die Stirn gezogen.

Er war ein gut gebauter, athletischer Mann, offenbar irgendwo in den Vierzigern; Dennoch war er in seinen Bewegungen so schnell wie eine Katze und offensichtlich mit geschmeidigen Muskeln und Nerven aus Stahl ausgestattet.

Der Schlingel hatte einen dicken Bart, was bei Nick Carter jedoch keine große Rolle spielte. Er ging zu Recht davon aus, dass der Mann sorgfältig verkleidet war, das Make-up jedoch so geschickt vorbereitet und angepasst war, dass Nick es trotz seiner Erfahrung mit solchen Kunstgriffen nicht erkennen konnte.

Was Nick vor allem bemerkte, war, dass die Augen des Mannes den durchdringenden Glanz tödlicher Entschlossenheit hatten, eine feste und bösartige Entschlossenheit, die verzweifelte Tat auszuführen, die er unternommen hatte. Es gab jetzt keine Anzeichen einer Trunkenheit, die offensichtlich nur angenommen worden war, um die Reisenden aufzuhalten.

Obwohl es Nick Carter nicht an Mut mangelte, verfügte er über seinen Anteil an Weisheit und Diskretion. Er erkannte auf den ersten Blick, dass er zumindest im Moment völlig hilflos war und nicht auf die Idee kam, absichtlich eine Kugel herauszufordern.

Solche aufwühlenden Episoden ereignen sich in sehr wenigen Augenblicken, und es waren keine dreißig Sekunden seit dem Überfall vergangen, als die Stimme des Straßenräubers erneut scharf durch die Morgenluft schnitt.

„Chauffeur, Sie tun, was ich befehle, sonst wird es Ihnen noch schlimmer“, rief er streng. „Senken Sie eine Ihrer Hände und nehmen Sie die Uhr Ihres Arbeitgebers ab.“

Grady zögerte nur den Bruchteil einer Sekunde.

Nick sah, wie sich die Hand, die eine der Waffen hielt, zusammenzog.

„Gehorchen Sie ihm, Grady“, sagte er mit bedrohlicher Knappheit.

„Bedad, ich mag nicht –“

„Noch eine Sekunde, und ich werde –“

"Gehorche ihm!" zischte Nick mit unterdrückter Heftigkeit. „Gehorche ihm, du Idiot!“

Nick erkannte auf den ersten Blick, dass diese eine weitere Sekunde damit geendet hätte, dass Grady einen kleinen Vorsprung erhalten hätte.

Grady hatte den wahren Mut und die Kampfeslust eines Iren, aber jetzt ließ er eine Hand fallen und nahm Nicks Uhr und Kette ab.

Der Straßenräuber kam einen Schritt näher, bis er kaum zwei Meter entfernt auf der staubigen Straße stand.

„Wirf sie vor meinen Füßen auf den Boden", befahl er, während sein böser Blick auf den Chauffeur gerichtet war.

„Tu das, Grady", sagte Nick.

Grady gehorchte mit einem hässlichen finsteren Blick, und die Uhr und die Kette landeten im Staub vor den Füßen des Grobians.

„Nun, die Geldbörse Ihres Arbeitgebers."

„In der Brusttasche meiner Weste, Grady."

„Sieh lebhaft aus."

Grady tauchte in Nicks Weste und holte seine Handtasche heraus.

Nick saß noch immer da, die Hände in die Luft gereckt, aber seine Augen ließen nicht für einen Moment die des Straßenräubers los.

Obwohl er zunächst geneigt war, Grady nach seinem Revolver in die Gesäßtasche zu schicken, erkannte Nick, dass der Ire möglicherweise nicht schnell und präzise damit umgehen konnte und dass der Gauner auch jede ihrer Bewegungen aufmerksam beobachtete. Das Risiko war zu groß, um es einzugehen, und Nick beschloss, sich vorerst der Situation zu unterwerfen und nach einer Gelegenheit Ausschau zu halten, den Spieß umzudrehen.

Grady zog die Brieftasche heraus, die etwa hundert Dollar und ein paar unwichtige Papiere enthielt.

„Wirf es auf die Straße", befahl der Straßenräuber.

„Lass es sein, Grady", sagte Nick.

„Dein Arbeitgeber hat mehr Weisheit als du, Grady", sagte der Gauner mit einem drohenden Hohnlächeln. „Gehorche sofort, sonst lasse ich Tageslicht in dich hinein."

Grady warf die Handtasche der Uhr und der Kette hinterher.

„Jetzt wieder hoch mit den Händen!"

„Bedad, Mister, eines Tages wird der Stiefel auf dem anderen Bein sein", knurrte Grady, als er gehorchte.

„Das wird heute nicht der Fall sein, Grady, das können Sie mir glauben", erwiderte der Grobian.

„Der Tag wird trotzdem kommen", sagte Nick Carter nun mit bedrohlicher Stille.

"Denkst du so?"

„Das tue ich auf jeden Fall."

„Nun, das tue ich nicht."

„Das liegt daran, dass du nicht weißt, wer ich bin", sagte Nick spitz.

„Es ist mir egal, wer du bist."

„Tust du nicht, was?"

„Das tue ich auf jeden Fall nicht."

„Du wirst deine Meinung später ändern."

Die Szene war merkwürdig: Die beiden Männer im Flitzer saßen mit den Händen hoch über ihren Köpfen, während der Mann auf der Straße so kühl dastand und sie einschüchterte, als bestünde nicht die geringste Gefahr für ihn, weder von ihnen noch von der plötzlichen Annäherung von einigen Eindringlingen am Tatort.

Nick hatte das Gespräch mit dem Schlingel in der Hoffnung begonnen, ihn für einen Moment beim Nickerchen zu erwischen, oder dass jemand oder ein anderes Auto auftauchen würde; aber keines von beidem schien wahrscheinlich, denn die Waldstraße war verlassen, und der Straßenräuber ließ keine Sekunde lang seine Wachsamkeit nach und senkte auch nicht seine gezielten Waffen.

Mit der letzten Bemerkung von Nick Carter bekamen die Augen des Schurken jedoch einen noch hässlicheren Glanz, und er kam offenbar zu dem Schluss, dass er seine Flucht besser nicht aufschieben sollte. Dass er dabei klug war und voraussah, dass seine Opfer möglicherweise bewaffnet sein könnten, zeigte sich an der Art und Weise, wie er es tat.

Während er beide Männer ständig im Blick hatte, sagte er streng:

„Die kleinste Bewegung von einem von euch wird ihn das Leben kosten. Ich warne Sie, dass ich sofort feuern werde und Sie nicht noch einmal warnen werde; Denken Sie also daran und seien Sie weise."

Dann steckte er einen seiner Revolver in die Jackentasche.

Während die andere Waffe ständig seine Opfer bedeckte und sein Blick sie nie verließ, ging er langsam in die Hocke und tastete über den Boden, bis er die dort liegende Beute sichergestellt hatte, die er auch in seine Tasche fallen ließ.

Dann richtete er sich wieder auf und zog seine andere Waffe.

Nick betete im Geiste um eine Chance, auch nur einen Schuss auf den Schurken zu bekommen, als er zur Flucht griff.

Die Flucht des Schurken war jedoch ebenso originell und unerwartet wie jede seiner anderen Bewegungen.

„Nun, Grady", sagte er mit bedrohlicher Strenge, „tun Sie genau das, was ich Ihnen sage, nicht mehr und nicht weniger."

„Begorra! es sieht so aus, als müsste ich es tun."

„Darauf kannst du wetten!"

"Was ist es?"

„Du startest deine Maschine langsam und lenkst sie in das Gebüsch auf dieser Straßenseite."

„Wie soll ich mit erhobenen Händen anfangen?", knurrte Grady, der Nicks Wunsch, die Sache hinauszuzögern, wirklich erkannt hatte.

Die Stimme des Straßenräubers nahm wieder den bösartigen Klang an, der Nick damals davor gewarnt hatte, sich ihm zu widersetzen.

„Sprich nicht noch einmal, Grady, sonst übertönt diese Waffe den Klang deiner Stimme", rief er schnell. „Sie starten die Maschine und drehen sie in das Gebüsch – und vergessen Sie keiner von Ihnen, dass ich Sie ständig beschützen werde. Starte sie, Grady, und biege scharf von der Straße ab!"

Mit der hässlichsten Art von finsterem Blick ergriff Grady die Lenkstange, startete langsam den Flitzer und wandte sich dem Gebüsch zu, das die Straße in diesem Ort säumte.

Doch gerade als der Ire dies tat, ertönte plötzlich von der Straße her das warnende Hupen einer Autohupe.

„ Stetig! – keine Bewegung!" schrie der Räuber warnend. „Wenn Sie Ihre Hände fallen lassen, Herr, schieße ich!"

Nick konnte den Schurken damals nicht sehen, denn er war aus dem Flitzer zurückgesprungen, als Grady ihn von der Straße ablenkte.

Doch als Nick schnell in die Richtung blickte, aus der die Hupe ertönt war, sah er etwa dreißig Meter entfernt einen großen Tourenwagen um eine scharfe Kurve der Straße heranbrausen.

Es wurde von einem Mann mit Bart gelenkt, der der einzige Insasse des Wagens war und dessen Augen und Gesichtszüge fast vollständig von einer riesigen Staubbrille verdeckt waren.

Nick glaubte nun, dass dieser unerwartete Überfall ein glückliches Ende nehmen könnte, denn der Tourenwagen näherte sich mit hoher Geschwindigkeit und die Flucht des Diebes schien nahezu unmöglich.

Doch dieser wich, während er seine drohenden Befehle wiederholte, nur ein paar Schritte in Richtung Straßenmitte zurück.

Der Mann im herannahenden Auto sah offenbar, was los war, und begann langsamer zu fahren.

Das Heck des Flitzers zeigte jetzt zur Straße, und die Maschine war halb im Gebüsch versteckt.

„Halt sie auf!" flüsterte Nick, der es noch nicht wagte, sich auf dem Sitz umzudrehen. „Halten Sie sie sofort auf!"

Er wollte nicht zu weit von der Straße weggehen.

Grady hatte das Gefühl, dass er sein Leben aufs Spiel setzte – doch er gehorchte sofort.

Sofort erklangen in der Morgenluft zwei scharfe Knallgeräusche von einem Revolver.

Den Geräuschen folgten weitere, fast ebenso laute Geräusche, die durch das Platzen der beiden Hinterreifen des Flitzers verursacht wurden.

Der Straßenräuber hatte eine Kugel durch jeden Gummireifen geschickt, offensichtlich darauf bedacht, das Flitzer teilweise außer Gefecht zu setzen und so die Verfolgung zu verhindern.

Dann, gerade als der riesige Tourenwagen am Tatort ankam, schoss der verwegene Schuft durch den Rauchschleier seiner Waffen zurück und sprang in den Wagen.

"Lasst sie los!" schrie er befehlend.

Der Fahrer gab sofort Vollgas, und der Wagen sauste mit der Geschwindigkeit eines Schnellzuges die Straße hinunter.

Nick Carter war bereits im Flitzer auf den Beinen, zückte seinen Revolver und schoss zweimal auf die Insassen des abfahrenden Wagens. Sein Ziel wurde jedoch von Grady zunichte gemacht, der aufgeregt begann, den Flitzer rückwärts auf die Straße zu setzen, und Nicks Kugeln gingen daneben.

Innerhalb von zehn Sekunden verschwand der Tourenwagen in einer Staubwolke hinter einer fernen Straßenkurve.

"Festhalten!" brüllte Grady und dachte, Nick würde gleich auf der Straße landen. „Ich werde ihnen folgen , Sir, Reifen hin oder her!"

„Folgen Sie nichts!" knurrte Nick und steckte seinen Revolver zurück in die Tasche. „Du könntest genauso gut versuchen, einem Blitz zu folgen."

„Wirst du diesen Schurken entkommen lassen?"

„Lass ihn entkommen!" rief Nick spöttisch aus. „Ich sollte sagen, Grady, dass er bereits entkommen ist. Du könntest ihn mit dieser Maschine nicht überholen, wenn dein Leben davon abhängen würde."

„Bedad, das stimmt, Sir", gab Grady jetzt ruhiger zu. „Dennoch könnte der Mann in diesem Auto versuchen, den Schurken zu töten —"

„Bosh!" unterbrach Nick knurrend. „Der Fahrer dieses Autos war ein Verbündeter des Räubers."

„ Glaubst du ?"

„Das weiß ich, Grady", erklärte Nick, der nun deutlich sah, wie die gesamte Arbeit, die weniger als fünf Minuten gedauert hatte, geplant und ausgeführt worden war.

„Das hatte ich schon vermutet, als der Mann gerade so langsam wurde, dass er den Gauner an Bord lassen konnte", fügte Nick hinzu. „Seine Herangehensweise war genau auf den Punkt abgestimmt. Es besteht die Möglichkeit, dass er den Überfall von jenseits der Straßenkurve beobachtete und genau wusste, wann der andere wollte, dass er sich näherte."

„Bedad, Sir, ich denke, Sie haben Recht."

„Oh, im Moment geht es uns noch viel schlechter, Grady, und wir wurden von zwei der Gangsterbande, die jetzt in dieser Gegend am Werk ist, aufgehalten", fügte Nick hinzu. „Aber ich werde trotzdem mit ihnen rechnen, dafür gebe ich Ihnen mein Wort."

„Ich ermüde —"

„Ich werde dafür sorgen, dass du dafür bezahlt wirst", unterbrach Nick, sehr zu Gradys Zufriedenheit. „Können Sie die Maschine so, wie sie ist, in die Stadt zurückfahren lassen?"

„Klar, Sir, das kann ich."

„Nun, ich möchte noch nicht ganz zurückkehren."

"Alles klar Sir."

„Mach weiter, Grady, und bring mich zu Badgers Haus“, befahl Nick
schroff . „Sehen Sie auch lebhaft aus! Damit ist die Sache für mich geklärt,
Grady.“

„Was meinen Sie , Sir?“

„Ich meine, dass ich diese Straßenräuberbande erwischen werde, jeden
Mann und jede Frau von ihnen, oder bei dem Versuch ein Bein verliere“, rief
Nick, während er Chief Westons Bitte damals im Kopf hatte. „Das meine
ich, Grady. Lassen Sie sie munter werden, mein Mann, und machen Sie sich
direkt auf den Weg zum Haus von Amos Badger.

KAPITEL V.
DAS HAUS IN LAUREL ROAD.

Die Richtung, die Nick Carter und Grady einschlugen, um die Laurel Road und das Haus von Amos Badger zu erreichen, war die gleiche wie die, in der der Straßenräuber mit seinem Verbündeten im Tourenwagen geflohen war.

Nick verspürte ein wenig Kummer darüber, dass es ihm gelungen war, überfallen und ausgeraubt zu werden, doch dieses Gefühl wurde etwas durch die Tatsache gemildert, dass er einen guten Blick auf den Dieb geworfen hatte und einen klaren Eindruck von seinen allgemeinen Gesichtszügen hatte.

Nick war sich trotz der Verkleidung des Schurken ziemlich sicher, dass er ihn identifizieren könnte, wenn sie sich noch einmal trafen, oder dass er zumindest seine besonders scharfen Augen und seine schneidende Stimme erkennen würde.

Obwohl es ihn damals nicht überraschte, betrug die Entfernung zur Laurel Road vom Schauplatz des Überfalls weniger als eine Viertelmeile und die Entfernung bis zu dem Grundstück, das Mr. Amos Badger gehörte und von ihm bewohnt wurde, ungefähr noch einmal.

Die Umgebung entsprach in etwa den Angaben von Chief Weston.

Die Straße verlief durch einen äußersten Rand der Stadt und war größtenteils von Wäldern umgeben, die nur hier und da für Bauzwecke gerodet wurden.

An dieser abgelegenen Straße gab es nur drei Wohnhäuser, von denen keines in Sichtweite von Badgers Anwesen lag, das weniger modern und viel weitläufiger war als die anderen, als wäre es seit mehreren Generationen ein Familienanwesen gewesen.

Nick betrachtete den Ort mit einigem Interesse, als er sich ihm näherte.

Das Haus war ein großes, hölzernes Herrenhaus, das ganze fünfzig Meter von der Straße entfernt stand. Es verfügte über eine breite Veranda vorn und auf einer Seite, wobei letztere mit einer Porte-Cochère am Seiteneingang des Hauses endete.

Von der Straße aus führte eine Kiesauffahrt zwischen einer Doppelreihe Ulmen und Buchen hinein, vorbei an der Vorder- und einer Seite des Hauses und dann hinaus zu einem großen Stallbrunnen hinter der Wohnung.

Darüber hinaus gab es mehrere hölzerne Nebengebäude, darunter ein langes Kutschenhaus neben dem Stall.

Die erwähnten Merkmale, zusammen mit dem weitläufigen Anwesen mit Gartengrundstücken und schattenspendenden Bäumen, mit einem Hintergrund aus Wäldern in der Nähe, verliehen dem gesamten Ort ein ländliches Aussehen, das man in der Nähe einer großen und dicht besiedelten Stadt nicht oft findet.

Als der Flitzer die lange Auffahrt entlangraste, sah Nick direkt hinter der Porte-Cochère einen Mann, der ein großes Auto reinigte ; aber das Fahrzeug hatte keine Ähnlichkeit mit dem, mit dem die Gauner geflohen waren, und der Umstand hatte für ihn damals keine besondere Bedeutung.

„Lauf zum Seiteneingang, Grady“, sagte er. „Ich werde den Arbeiter fragen, der zu Hause ist.“

Grady nickte und brachte den Flitzer sofort unter der Porte-Cochère zum Stehen .

Nick sprang schnell herunter und näherte sich dem arbeitenden Mann in der Nähe. Anstatt sich jedoch nach den Bewohnern des Hauses zu erkundigen, verlangte Nick unvermittelt:

„Haben Sie ein Auto entlang der Laurel Road vorbeifahren sehen, mein Mann?“

Mein Mann war ein gewisser Jerry Conley, Chauffeur, Stallknecht und Allround-Arbeiter im Freien für Mr. Amos Badger. Er war ein kleiner, stämmiger Mann von etwa dreißig Jahren, mit einem Kopf, der fast so rund war wie eine Kugel. Sein Gesicht war glatt rasiert und wurde von einem Paar so zwielichtiger, schlauer Augen erleuchtet, wie sie jemals ein menschliches Gesicht erhellten.

Mit halbem Blick kamen sie vorbei, um den Detektiv zu treffen, während der Mann von seiner Arbeit am Auto aufstand. Er wischte sich die Hände an seinem Overall ab, nickte ein paarmal ruckartig, beäugte Nick die ganze Zeit über und fragte dann bewusst:

„Was sagst du da?“

„Ich habe gefragt, ob Sie ein Auto entlang der Laurel Road vorbeifahren sehen haben“, antwortete Nick, dem das Aussehen des Kerls nicht im Geringsten gefiel.

„Ja, das habe ich“, sagte Conley.

„In welche Richtung ist es gegangen?“

„Welches meinst du ?“

"Welcher?" wiederholte Nick und beäugte den Kerl scharf. „Ich meine eine, die innerhalb von fünf oder zehn Minuten vergangen sein könnte."

Der Raubüberfall lag damals noch keine zehn Minuten zurück.

„Oh, wenn Sie das meinen, Mister, ich habe keines gesehen", versicherte Conley jetzt, wobei er Nicks Gesichtsausdruck weniger streng musterte.

„Das hast du nicht, oder?"

"Nicht heute."

„Dachtest du, ich meinte letzte Woche?"

„Ich habe überhaupt nicht nachgedacht, Herr", sagte Conley und bückte sich, um ein bisschen Baumwollabfall vom Boden aufzuheben. „Ich habe nur gehört, was Sie gefragt haben, nämlich ob ich ein Auto auf der Laurel Road vorbeifahren sehen habe. Ich habe Hunderte davon gesehen , Herr, aber heute Morgen keines."

„Du hättest wissen müssen, dass ich heute Morgen meinte."

„ Das würde ich auch tun, Herr, wenn Sie es heute Morgen gesagt hätten", antwortete Conley mit einem anzüglichen Blick. „Ich weiß nie mehr, als dass ich dafür bezahlt werde, es zu wissen."

„Sehen Sie, mein Mann", sagte Nick ziemlich streng. „Wenn der Kapitän, dem Sie dienen, den gleichen Schlag hat wie Sie, ist die Wahrscheinlichkeit groß, dass er —"

Was Nick noch gesagt hätte, wurde jedoch abrupt unterdrückt, denn sein schnelles Ohr hörte, wie sich die Seitentür des Hauses öffnete und dann die Füße eines Mannes auf die Veranda fielen, gefolgt von der Frage:

„Was ist los, Jerry?"

„Überhaupt keine, Sir", antwortete Conley und wandte sich grinsend an seinen Fragesteller. „Nicht, es sei denn, dieser Herr ist auf Ärger aus, was meiner Meinung nach nicht der Fall ist."

Nick hatte sich bereits umgedreht, um den ersten Redner zu beäugen, bei dem es sich seiner berechtigten Vermutung zufolge um Mr. Amos Badger handeln könnte, obwohl es damals eine Stunde war, in der ein Börsenmakler am Markt hätte beschäftigt sein müssen.

Er stand am Geländer der Veranda, ein aufrechter, gut gebauter Mann von vierzig Jahren, glatt rasiert, mit dunklem Haar und Augen, wobei letztere ein recht attraktives, aber dennoch auffällig starkes und entschlossenes Gesicht zum Leuchten brachten.

Er trug Pantoffeln und eine Hausjacke aus gemusterter Wolle, während sein Hals mit mehreren Lagen roten Flanells verbunden war, als ob er unter Halsschmerzen oder einer Erkältung leide. Dies wurde auch durch seine heisere Stimme deutlich, als er Conley ansprach, doch sein Blick war die ganze Zeit auf den Detektiv gerichtet.

Nick nahm die Bemerkung des Chauffeurs sofort auf und sagte mit einem leisen Lachen:

„Nein, ich bin nicht besonders auf der Suche nach Ärger. Ich habe für einen Tag genug davon.“

„Genug Ärger?“ fragte Badger mit einer Miene der Verwunderung über Nicks Bedeutung.

„Völlig genug, Sir, und mit beträchtlichen Kosten. Ich habe eine wertvolle Uhr verloren und kette auch das Geld an, das ich bei mir hatte.“

„Nicht ausgeraubt?“

„Das ist es“, nickte Nick. „Aufgehalten von den Gaunern, die in diesen Gegenden solch schurkische Arbeit verrichten. Aber es wird ein Tag der Abrechnung kommen, Sir, darauf können Sie getrost Ihr ganzes Vermögen verwetten.“

In Badgers dunkle Augen, die noch immer auf Nicks Gesicht gerichtet waren, schlich sich für einen Moment ein Groll des Grolls.

„Was hat dich so schnell hierher geschickt, nachdem du ausgeraubt wurdest?“ fragte er mit finsterer Stimme. „Haben Sie erwartet, die Diebe in meinem Haus zu finden?“

„Oh nein, überhaupt nicht.“

„Oder bist du gekommen, um mir wegen eines ähnlichen Missgeschicks dein Beileid auszudrücken, denn Elend mag Gesellschaft? Das Hauptquartier der Polizei ist, würde ich sagen, der richtige Ort, den Sie eilig aufgesucht haben.“

„Ich komme gerade von dort“, antwortete Nick etwas trocken.

„Ah, das ist anders.“

„Ich habe diesen Mann lediglich gefragt, ob er ein vorbeifahrendes Auto gesehen hat“, fügte Nick hinzu, als er sich nun den Verandastufen näherte. „Tatsächlich, Sir, ich war auf dem Weg zu diesem Haus, als ich von den Gaunern aufgehalten wurde. Ist Mrs. Badger heute Morgen zu Hause oder ihr Mann?“

„Beide sind zu Hause.“

„Ah, sehr gut!“ rief Nick aus.

„Ich bin Herr Dachs.“

„Ich hätte gerne ein kurzes Interview mit Ihnen und Ihrer Frau.“

„Bezüglich was?“

„Der jüngste Raubüberfall, dem Ihre Frau zum Opfer gefallen ist.“

„Sind Sie Reporter?“

„Ich bin Detektiv.“

„Vom Pemberton Square?“

„Aus New York“, antwortete Nick. „Dennoch bin ich gerade aus dem Büro von Chief Weston in Boston gekommen, und auf seine Bitte werde ich mich verpflichten, die Diebesbande zur Strecke zu bringen, die in diesem Abschnitt am Werk ist.“

Obwohl sich bei dieser selbstbewussten Ankündigung ein zweifelndes Lächeln über Badgers dünne, feste Lippen verzog, zeigte er sofort mehr Herzlichkeit, als Nick seine Berufung erklärte.

„Ich hoffe, dass Sie Erfolg haben, Offizier“, sagte er mit derselben heiseren Stimme. „Komm ins Haus. Aus New York, hast du gesagt?“

„Ja“, antwortete Nick und trat ein. „Du kannst auf mich warten, Grady.“

„In Ordnung, Sir“, rief Grady von seinem Sitz im Flitzer.

„Welcher Name, Offizier?“ fragte Badger.

„Mein Name ist Carter.“

„Nicht Nick Carter?“

"Das gleiche."

Dachs wirkte überrascht, bemerkte Nick, und seine Augen leuchteten. Er streckte schnell seine Hand aus und sagte herzlich und mit keuchender Stimme:

„Nun ja, ich freue mich, Sie kennenzulernen, Detective Carter, und zu hören, dass Sie daran denken, diese Straßenräuber zu jagen. Ich kenne Ihren Ruf, Sir, und ich habe keinen Zweifel daran, dass Sie mehr erreichen werden, als Westons Mischlingsmeute schafft. Wenn Sie dies nicht tun, werden Sie in der Tat sehr wenig erreichen.“

Das letzte sagte er mit einem versteckten höhnischen Grinsen, das Nick unangenehm ins Ohr drang. Er kam jedoch zu dem Schluss, dass Badger wahrscheinlich verärgert darüber war, dass es den Bostoner Detektiven nicht gelungen war, das Eigentum wiederzuerlangen, das seiner Frau geraubt worden war, und Nick dachte zu diesem Zeitpunkt nicht mehr darüber nach.

Als er dem Mann in die hübsch eingerichtete Bibliothek folgte, von deren Fenstern man den Stall und die Auffahrt sehen konnte, erwiderte Nick freundlich:

„Mir wurde gesagt, dass gegen diese Straßenräuber keine großen Fortschritte erzielt werden?"

„Überhaupt nichts, Mr. Carter, das kann ich herausfinden", antwortete Badger mit einem verächtlichen Schulterzucken. „Hier ist meine Frau, Sir. Claudia, das ist Detective Carter aus New York, der von Chief Weston hierher geschickt wurde, um Nachforschungen über den Raubüberfall anzustellen. Meine Frau, Mr. Carter."

Angesichts dessen, was Chief Weston ihm über sie erzählt hatte, musterte Nick die Frau mit mehr als oberflächlichem Interesse.

Obwohl sie erst dreißig Jahre alt war, bewahrte sie in Gesicht und Figur immer noch den größten Teil der Schönheit und Frische der Jugend. Sie war dunkelhäutig, genau wie ihr Mann, eher überdurchschnittlich groß und hatte eine Figur, die sich durch Anmut und Geschmeidigkeit auszeichnete. Sie hatte klare Gesichtszüge, einen festen Mund und ein festes Kinn sowie einen kantigen Kiefer, der deutlich mehr als die gewöhnliche weibliche Stärke verriet.

Sie begegnete Nick mit einem lebhaften Aufblitzen ihrer dunklen Augen und sagte freundlich, als sie sich die Hände schüttelten:

„Ich freue mich, Sie zu sehen, Detective Carter. Ich hoffe jedoch, dass Sie das Aussehen meines Mannes entschuldigen, denn er sieht schrecklich aus mit diesen roten Flanellhemden um den Hals. Eine Halsentzündung hat ihn mehrere Tage lang an das Haus gefesselt, und er besteht darauf, dass nichts als rote Flanellbinden ihn heilen würden …"

„Oh, egal wie ich aussehe, Claudia", unterbrach Badger gereizt. "Herr. Ich bin mir sicher, dass Carter mein Aussehen ertragen kann, und wahrscheinlich hat er Wichtigeres zu tun, als über die heilende Wirkung roter Flanellbinden zu diskutieren."

„Es ist keine Entschuldigung nötig, Mrs. Badger, das versichere ich Ihnen", lächelte Nick, als er einen Stuhl akzeptierte. „Als ich heute Morgen hierher fuhr, hatte ich zwar ein kleines Geschäft mit Ihnen, aber ich halte es jetzt nicht mehr für wichtig."

"Wie ist das?" fragte Badger mit einem verstohlenen Funken Misstrauen in seinen wachsamen Augen.

„Es hat das Element der Wichtigkeit verloren", lachte Nick. „Ich hatte vor, Sie eingehend nach dem persönlichen Aussehen der Schurken zu befragen, von denen Sie ausgeraubt wurden, Mrs. Badger, aber da ich jetzt selbst einen von ihnen gesehen habe, brauche ich keine Nachforschungen anzustellen. Ich habe keinen Zweifel daran, dass der Schurke, dem ich begegnet bin, derselbe war, von dem Sie ausgeraubt wurden."

„Du meinst nicht, dass auch du ausgeraubt wurdest?" rief Claudia, deren Gesichtsausdruck tiefes Erstaunen widerspiegelte.

„Genau", nickte Nick.

"Wann?"

"Heute Morgen."

„Auf dem Weg hierher?"

"Ja."

"Gut gut! Wozu sollen diese Vorstadtstraßen führen, Amos?" rief die Frau ganz entsetzt. „Es wird bald nicht mehr sicher sein, sich auch nur in den Vorgarten zu wagen."

„Ich glaube dir", sagte Badger mit einem pfeifenden Knurren. „Ich hoffe wirklich, Mr. Carter, dass Sie etwas erreichen werden. Was haben Sie vor, um diese Schurken zusammenzutreiben?"

Nick lachte und schüttelte den Kopf.

„Das ist für mich derzeit eine schwierige Frage", sagte er. „Zuerst muss ich einen Hinweis finden, mit dem ich beginnen kann, einen Faden, der stark genug ist, um ihm zu folgen, und der möglicherweise zur Identifizierung der Schurken und ihres Aufenthaltsorts führen kann."

„Haben Sie derzeit eine solche Ahnung?" fragte Frau Badger mit einem Lächeln und einem Blick, der wohl dazu geeignet war, zu einer offenen Erwiderung einzuladen.

„Nicht das geringste."

"Das ist sehr schade."

„Bleib", fügte Nick wie nachträglich hinzu. „Ich glaube, ich habe etwas, das sich als vorteilhaft erweisen könnte."

"Gut genug!" rief Badger, dessen Augen sich neugierig weiteten. „Woraus besteht es, Mr. Carter?"

Dann griff Nick in seine Brusttasche und bemerkte nicht das gesteigerte Interesse des Sprechers, das sich in seiner heiseren Stimme nicht verraten hatte.

„Ein Foto", antwortete er und zog es hervor. „Die, die Sie, Mrs. Badger, bei Ihrem Raubüberfall mitgenommen haben."

„Oh, da irren Sie sich, Detective Carter", rief Claudia schnell aus.

„Falsch?"

„Ich habe kein Foto gemacht, Sir."

"Noch--"

„Meine Schwester, Miss Clayton, hat es mitgenommen", unterbrach Mrs. Badger. „Meine Güte, ich hätte es mein Leben lang nicht geschafft. Ich war von dem schrecklichen Vorfall und dem Anblick des Revolvers des Räubers so entnervt, dass ich keine Macht mehr hatte, etwas anderes zu sehen oder zu tun, als das, was er befohlen hatte."

„Aber eine von ihnen war eine Frau", lächelte Nick.

„Das gebe ich zu, Sir, aber sie hatte einen Revolver, und der bloße Anblick einer Waffe hat mir immer Angst gemacht", erklärte Claudia schaudernd.

„Sie waren sich ganz sicher, dass sie eine Frau war?" fragte Nick.

"Sicher."

„Dass es sich nicht um einen Mann in Frauenkleidung handelte?"

„Oh, absolut. Ihre Stimme hätte mich von ihrem Geschlecht überzeugt."

„Eine Stimme ist anzunehmen."

„Dennoch bin ich mir sicher, dass ich Recht habe."

„Sie war dick verschleiert, verstehe ich?"

"WAHR."

„Dann hast du ihr Gesicht nicht gesehen?"

"Ich tat es nicht."

„Ihre Figur erscheint auf dem Foto sehr groß – zu groß für eine Frau", beharrte Nick.

„Trotzdem bin ich mir sicher, Detective Carter, dass sie eine Frau war und kein Mann in Frauenkleidung", erklärte Mrs. Badger mit Nachdruck. „Das beweisen nicht nur ihre Kleidung und ihre Stimme, sondern mir sind auch ihre Hände aufgefallen. Sie waren zu schlank, weiß und wohlgeformt für die Hände eines Mannes."

Nick lachte jetzt leicht und bemerkte in scherzhaftem Tonfall, ohne seinen Worten ernsthaftes Gewicht beizumessen:

„Das Letzte, Mrs. Badger, ist großartig. Dennoch muss ich anmerken, dass Sie für jemanden, der damals zu viel Angst hatte, etwas anderes zu sagen oder zu tun, als den Befehlen dieser Gruppe von Gaunern zu gehorchen, einige recht heikle Details bemerkt haben. Kleine Hände, was? Nun ja, ich denke, Sie haben wahrscheinlich recht."

Eine Welle von Purpur hatte sich über Mrs. Badgers Gesicht erhoben, während sich auf dem ihres Mannes ein dunkleres Stirnrunzeln niederließ.

„Ich habe die Hände der Frau nur zufällig bemerkt, Detective Carter, nur weil sie in einer von ihnen den Revolver hielt, vor dem ich so große Angst hatte und von dem ich kaum den Blick abwenden konnte. Dann bemerkte ich natürlich die Hand, die es hielt."

Nick fragte sich vage, warum sie sich die Mühe gemacht hatte, diese Erklärung abzugeben, denn seiner Meinung nach gab es keinen besonderen Anlass dafür; und bevor er eine Antwort formulieren konnte, fragte Badger heiser und mit unheimlicher Neugier:

„Warum stellen Sie solche Fragen, Detective Carter? Ich kann nicht erkennen, dass sie etwas sehr Wichtiges bedeuten."

„Diese Frage des Geschlechts bedeutet mir sehr viel, Mr. Badger", antwortete Nick mit einem leisen Lachen.

„Warum?"

„Denn ich werde früher oder später viel intelligenter vorgehen können, wenn ich genau weiß, dass diese Gaunerbande nur aus Männern besteht, von denen sich einer oder mehrere manchmal als Frau ausgeben."

„Da ist etwas dran", gab Badger zu.

„Heutzutage sind Straßenräuberinnen nicht mehr alltäglich", fügte Nick spitz hinzu; „Und es fällt mir schwer, den auf diesem Foto präsentierten Beweisen Glauben zu schenken, obwohl Ihre Frau ganz natürliches Vertrauen in die Zuverlässigkeit ihrer eigenen Augen hat."

„Das wundert mich nicht besonders", lachte Badger jetzt gleichgültig.

„Es ist überhaupt nicht aussagekräftig, wer das Foto gemacht hat", fuhr Nick fort. „Ich habe gehört, dass Miss Clayton ein Büro in der Stadt hat. Ich denke, ich werde sie heute Morgen besuchen, in der Hoffnung, dass sie zum

Zeitpunkt des Raubüberfalls etwas Bemerkenswertes gesehen hat. Werde ich sie zu dieser Stunde wahrscheinlich finden?"

„Ja, sicher", rief Mrs. Badger und erhob sich. „Wenn Sie nur einen Moment warten, Detective Carter, gebe ich Ihnen ihre Visitenkarte."

"Würdest du bitte."

„Dann werden Sie keine Probleme haben, ihre Zimmer zu finden."

Nick verbeugte sich, dann stand er auf und nahm seinen Hut vom Tisch.

Sowohl Badger als auch seine Frau begleiteten ihn zur Tür, wobei letzterer ihm die erwähnte Karte überreichte und erstere bemerkte, als Nick die Stufen hinunterstieg und das Flitzer betrat:

„Ich hoffe, Sie informieren mich, Mr. Carter, wenn Sie einen verlässlichen Hinweis auf die Identität dieser Schurken haben. Wenn ich Ihnen in irgendeiner Weise helfen kann, bitte ich Sie außerdem, mir Befehle zu erteilen."

„Danke", erwiderte Nick und nickte Grady zu, er solle die Maschine starten. „Ich werde es mir merken, Mr. Badger."

Auffahrt hinunterfuhr, las er die Karte, die er immer noch in der Hand hielt, aber der Name von Miss Clayton stand nicht darauf.

Es war die Karte von – Madame Victoria.

Es gab die Straße und die Nummer ihrer Zimmerflucht an und verkündete, dass sie Astrologin, Impressionistin und spiritistisches Medium sei. Weiter hieß es, dass sie von der Wiege bis zur Bahre die Zukunft voraussagen könne und dass man sie gewinnbringend konsultieren könne, wenn es um Informationen über verstorbene Freunde, verlorene Gegenstände, vermisste Verwandte und Erben oder um Rat in Geschäftsangelegenheiten, Liebesbeziehungen und anderen Dingen gehe im Zusammenhang mit dem persönlichen Wohlergehen.

Nick las die Karte zweimal mit großem Interesse.

„Eine ziemliche Erfolgsserie!" sagte er grimmig zu sich selbst. „Ich frage mich, warum sie das Eigentum, das ihr geraubt wurde, nicht findet. Die Frau ist offensichtlich eine Scharlatanin, eine Heuchlerin, die leichtgläubige und schwachsinnige Narren aufdrängt, um an ihr Geld zu kommen.

„Madame Victoria, was? Nun, ich werde Sie jetzt anrufen, Madame, und möglicherweise einen Rückruf durchführen! Ich wette, ich ergreife Mittel, um dich zu täuschen und bloßzustellen!"

Dies war die Richtung von Nicks Gedanken, nachdem er Madame Victorias Karte gelesen hatte, zu deren Zimmern er als nächstes ging.

Ohne den geringsten Glauben an die angeblichen Kräfte dieser Frau stand Nick jedoch vor einer der seltsamsten und überraschendsten Erfahrungen seiner wechselvollen Karriere.

KAPITEL VI.
Madame Victoria.

Es war fast Mittag, als Nick Carter, nachdem er Grady entlassen hatte, das hübsche Granitgebäude in der Tremont Street betrat, in dem sich die Räume von Madame Victoria befanden.

Was ihren Anspruch, die Zukunft vorherzusagen, sowie ihre anderen angeblichen Kräfte betraf, war Nick moralisch sicher, dass die Frau eine Betrügerin war. Dennoch beschloss er, kein Risiko einzugehen, dass sie ihn möglicherweise schon einmal gesehen hatte und sich an sein Gesicht erinnern würde, und im Korridor des Gebäudes passte er sorgfältig eine einfache, aber wirksame Verkleidung an.

Dabei verfolgte er jedoch ein doppeltes Ziel; das, zunächst einen Einblick in Madame Victorias Geschäft und ihre angeblichen okkulten Begabungen zu bekommen, nur um seine eigene Neugier zu befriedigen; und zweitens, dass sie später zurückkommen und sie über den Raub befragen konnte, ohne dass sie seinen ersten Besuch ahnte.

„Ich werde auf jeden Fall das Beste von ihr haben", sagte er sich, während er seine Verkleidung zurechtrückte. „Wenn sie jedoch so schlau ist, wie sie behauptet, sollte sie es durchschauen können. Dennoch wette ich, dass sie nichts dergleichen tut."

Im Korridor des zweiten Stocks befand sich eine Tür, auf der in vergoldeten Buchstaben Madame Victorias Name stand, und Nick trat kurzerhand ein.

Er befand sich in einem kunstvoll eingerichteten Wartezimmer mit Fenstern mit Blick auf den Boston Common. Der Teppich war aus Samt. Die Möbel waren mit reich gemustertem Plüsch gepolstert. An den Fenstern hingen feine Spitzenvorhänge, und an den Wänden hingen erlesene Gemälde, und verschiedene Ornamente der einen oder anderen Art trugen zur Verzierung des Ortes bei.

Nick kam zu dem Schluss, dass Chief Weston Recht hatte, als er sagte, dass diese Frau ein lukratives Geschäft machte.

Von einem Stuhl am Fenster erhob sich schnell ein junges Mädchen, legte einen Roman beiseite, und Nick erkundigte sich, ob Madame Victoria zu Hause sei.

„Ja, Sir, aber sie ist gerade verlobt", sagte das Mädchen. „Sie wird jedoch in ein paar Minuten frei sein."

„Ich werde warten", sagte Nick knapp.

„Nehmen Sie einen Stuhl, Sir. Wenn Sie mir Ihre Karte geben, Sir, werde ich sie zu Madame Victoria bringen, sobald ihr Besucher geht, und erfahren, ob sie Ihnen zu diesem Zeitpunkt eine Sitzung geben wird. Es ist fast ihre Mittagsstunde."

Nick sprach nicht über die Angelegenheit. Er gab dem Mädchen eine Karte mit einem fiktiven Namen, von dem er immer mehrere erhielt.

Plötzlich kam eine reich gekleidete Frau mittleren Alters aus einem inneren Raum und trocknete sich mit ihrem Taschentuch die Augen. Sie ging jedoch eilig davon, nachdem sie ihren Hut und ihre Haare im Spiegel betrachtet hatte.

„Sie muss von einem Toten gehört haben", dachte Nick mit grimmigem Spott. „Entweder das, oder ihr wurde ein höllisches Unglück vorhergesagt. Ich bin froh, wenn ich nicht ein bisschen neugierig bin, was ich da drin bekomme. Vielleicht bekomme ich es in den Nacken."

Er musste nicht lange warten, denn der Diener verkündete sofort, dass Madame Victoria ihn im inneren Zimmer empfangen würde.

Nick ließ seinen Hut auf dem Tisch liegen und trat ein.

Auf den ersten Blick war der Blick ins Innere verblüffend.

Das einzige Fenster im inneren Raum war mit dicken schwarzen Vorhängen verhängt, die jeglichen Tageslichtstrahl ausschlossen. Über einem kleinen quadratischen Tisch in der Mitte des Bodens brannten jedoch zwei elektrische Lichter, die von grünen Kugeln umhüllt waren und deren Strahlen ein unheimliches und unheimliches Licht auf den Raum warfen.

An den Wänden hingen zahlreiche astrologische Diagramme, eine Reihe von Horoskopen berühmter Männer, die nach dem Tod genauer erstellt wurden als zuvor; und daneben befanden sich verschiedene Geräte und Insignien, deren Bedeutung und Zweck Nick überhaupt nicht kannte.

Auf einem Ständer neben dem Tisch standen mehrere Packungen Spielkarten, vermutlich zur Wahrsagerei, wenn nicht sogar zu einem anderen Vergnügen.

Ansonsten war das Zimmer gut eingerichtet, mit einem Bücherregal an einer Wand, einem Sofa gegenüber und mehreren kleinen, aber teuren Stühlen .

Was Nick jedoch am meisten erschreckte, war weniger dieses seltsame Aussehen des Zimmers als vielmehr das seines einsamen Bewohners.

Madame Victoria saß am Tisch, eine Frau unter dreißig, von kräftiger Figur, ohne korpulent zu sein, mit einem attraktiven, selbstbewussten Gesicht und einer Fülle von bräunlichrotem Haar, das in malerischer Unordnung frisiert war. Sie trug ein langes violettes Gewand mit kleinen silbernen Sternen und hier und da einer Mondsichel dazwischen, was eine vage Andeutung eines Mitternachtshimmels vermittelte. Das Kleidungsstück war voluminös und bedeckte vollständig ihre Taille und Röcke.

Aus den weiten, weiten Ärmeln ragten in lebhaftem Kontrast zum satten Dunkelviolett zwei wohlgeformte, nackte Arme und Hände hervor; Doch sowohl diese als auch das Gesicht der Frau, die sich hob, als Nick eintrat, bekamen durch das grüne Licht des Zimmers eine unangenehme, totenähnliche Blässe.

Ihr erster Blick war auf Nicks linke Hand gerichtet, auf einen wertvollen Karfunkelring am Mittelfinger, und dann hoben sie den Blick zu seinem Gesicht, während sie plötzlich mit einer merkwürdigen Mischung aus Lebhaftigkeit und Überraschung ausrief:

"Liebe mich! Oh, mein Gott, was für ein seltsames Gefühl, Mr. Sibley. Mir kommt es vor, als ob zwei Männer diesen Raum betreten hätten."

Nick war etwas erschrocken.

Sibley war der Name auf der Karte, die er eingeschickt hatte, und die unmittelbare Bemerkung der Frau war angesichts von Nicks Verkleidung zumindest ein wenig seltsam.

„Zwei Männer, was?" sagte Nick fragend. „Nun, ich bin ganz allein, Madame, das versichere ich Ihnen."

Madame Victoria schlug sich mehrmals heftig mit der Handfläche auf die Stirn, schüttelte dann den Kopf, als wollte sie einige ihrer Ideen loswerden, und rief schließlich mit offensichtlicher Verwirrung:

„Nun ja, das ist ziemlich außergewöhnlich. Ich hatte noch nie so ein seltsames Gefühl. Ich bin genauso beeindruckt, als ob zwei Männer den Raum betreten hätten."

"Beeindruckt?"

„Nehmen Sie Platz, Sir", lächelte Madame Victoria sehr gnädig. „Sie müssen verstehen, Mr. Sibley, dass ich das bin, was ich einen Impressionisten nenne."

„Ich höre und kenne die Bedeutung des Wortes", lachte Nick, wobei seine Neugier noch mehr geweckt wurde, „aber ich kann nicht sagen, dass ich es vollständig verstehe."

Madame Victoria zuckte mit ihren schönen Schultern und betrachtete ihn schelmisch unter ihren hochgezogenen Brauen hervor.

„Na ja, das ist nicht verwunderlich, Mr. Sibley", antwortete sie freundlich. „Sehr wenige Menschen verstehen die wahre Natur und Quelle ihrer eigenen Eindrücke, ganz zu schweigen von denen anderer."

„Das ist ganz richtig, Madame", stimmte Nick zu und verneigte sich.

„Tatsächlich, Sir, kann ich nicht einmal sagen, dass ich meine eigenen verstehe", fügte die Frau mit einer hübschen Zurschaustellung von Offenheit hinzu. „Sie sind manchmal so lebendig, erscheinen mir aber oft so völlig unwahrscheinlich, dass ich oft davor zurückschrecke, sie auszudrücken. In diesem Fall hätte ich das so empfunden, Herr Sibley, und ich bezweifle, dass ich gesagt hätte, was ich getan habe, wenn es nicht ganz unfreiwillig von mir gekommen wäre und bevor ich es unterdrücken konnte. Natürlich, mein Herr, ich sehe, dass Sie ganz allein sind."

„Du interessierst mich", lächelte Nick und wollte sie unbedingt weiterführen. „Darf ich fragen, wie Ihre gegenwärtigen Eindrücke aussehen?"

Madame Victoria beugte sich in ihrem Stuhl vor und legte ihre hübschen Arme auf den Tisch. Ihr Gesicht wurde wieder ernst, und noch einmal verweilten ihre Augen kurz auf dem Ring an Nicks Finger, allerdings auf eine abwesende Weise, die seine Aufmerksamkeit nicht erregte.

Nach ein paar Augenblicken, in denen es schien, als würde sie einem äußeren Einfluss nachgeben, blickte sie zu ihm auf und sagte:

„Da ist etwas an Ihnen, Sir, das ich wirklich nicht erklären kann. Ich werde den Eindruck einer Doppelpersönlichkeit hier nicht los. Ich werde versuchen, es zu ergründen, Mr. Sibley, wenn Sie Geduld haben."

„Nehmen Sie sich Zeit, Madame", sagte Nick und lächelte sie über den Tisch hinweg an.

Madame Victoria nickte und lachte, zeigte ihre weißen Zähne und rief ein bezauberndes Grübchen in jeder samtigen Wange hervor.

„Wie Sie wahrscheinlich wissen, Mr. Sibley", sagte sie, „kommen die Leute aus verschiedenen Gründen hierher. Einige rufen mich an, um ihr Horoskop erstellen zu lassen, andere, um mit mir medial zusammenzusitzen, in der Hoffnung, Mitteilungen von verstorbenen Freunden zu erhalten, und wieder andere rufen mich an, um sich über Geschäfte und

Liebesbeziehungen zu beraten oder sich ihre Zukunft anhand der Karten erzählen zu lassen."

„ Das habe ich mir vorgestellt", verbeugte sich Nick.

„Aber Sie sind umsonst gekommen, das ist mein Eindruck", rief Madame Victoria mit einem abrupten Ausdruck von Ernsthaftigkeit.

„Es ist völlig richtig."

„Du hast kein Vertrauen in all diese Dinge."

„Das stimmt auch."

„Meine Güte, ich bin furchtbar ratlos", lachte die Frau, offenbar in vergeblicher Anstrengung, etwas in ihrem Kopf klarzustellen. „Sie kommen mir vor wie zwei Männer, was natürlich absurd ist. Dennoch kann ich die Auswirkungen dieses Eindrucks nicht loswerden. Ich werde jedoch versuchen, alles für dich zu tun, was ich kann, und werde dir geben, was mir zusteht."

„Bitte, Madame", sagte Nick, nicht wenig beeindruckt und verwirrt von ihren seltsamen Aussagen und scheinbar aufrichtigen Bemühungen.

Wieder schlug sich Madame Victoria mit der Handfläche gegen die Stirn, so heftig, dass Nick sich nicht darüber wunderte, dass ihr Haar etwas unordentlich war.

Als sie plötzlich ihre Augen auf ihn richtete, bemerkte er, dass sie sich zu weiten begannen und mit fast übernatürlichem Glanz zu leuchten begannen, während sie plötzlich ausrief, als ob sie von einem weiteren ihrer lebhaften Eindrücke getrieben wäre:

„Sie waren in letzter Zeit in großer Gefahr, Mr. Sibley!"

„Ist das Ihr gegenwärtiger Eindruck?" fragte Nick.

"Jawohl. Es muss auch richtig sein, sonst könnte ich es nicht so stark spüren."

„Weitermachen, Madame."

„Sie sind ein Mann, der vielen Gefahren ausgesetzt ist", fuhr Madame Victoria fort und sprach jetzt viel schneller und ernster. „Dein Leben besteht aus aufregenden Abenteuern und häufigen Gefahren."

„Das ist sehr wahr", gab Nick zu.

„Ich sehe dich jagen – jagen – jagen!" rief die Frau mit unterdrückter Heftigkeit. „Ich weiß nicht, was das bedeutet, Sir, aber Sie scheinen ständig auf der Jagd zu sein, nach Personen und Dingen zu suchen und sich in alle möglichen komplizierten Geheimnisse zu vertiefen.“

"Gut gut! Das trifft ziemlich genau ins Schwarze“, lachte Nick.

"Oh je! und ich sehe euch alle von einer roten Atmosphäre umgeben, als wären euch heftige Kämpfe und der Anblick von Blut nicht fremd.“

„Ich habe meinen Anteil an beidem gesehen.“

„Ja, ja, das ist für mich klar, sehr klar“, fuhr sie schnell fort. „Du bist ein vielbeschäftigter Mann, und du – warte! Ich bin jetzt von hier weggetragen. Es kommt mir vor, als würde ich in einem Eisenbahnzug fahren. Ich kann den Eindruck noch nicht ganz interpretieren, aber ich habe das Gefühl – oh, jetzt habe ich es! Sie gehören nicht hierher, Sir, nicht in diese Stadt. Du bist hier ein Fremder.“

„Nun, nicht ganz das“, antwortete Nick, immer verwirrter über die Genauigkeit, mit der sie ins Schwarze traf.

„Ich meine nicht, dass Sie nie hier waren und diese Stadt nicht kennen“, rief Madame Victoria schnell. „Ich meine nur, dass Ihr Geschäft nicht hier ist, dass Ihre Interessen irgendwo in der Ferne liegen. Stimmt das nicht ?“

„Fast.“

„Ich wusste, dass es so war.“

"Wie haben Sie das gewußt?"

„Wegen meines Eindrucks, dem, in den Autos mitgerissen zu werden“, erklärte die Frau. „Vermutlich habe ich es von Ihnen, Sir, denn ich bin anfällig für alle Umstände derjenigen, die hierher kommen, um mich zu konsultieren.“

„Das ist ziemlich mysteriös.“

„So viele denken.“

„Wie erklären Sie es?“

„Ich erkläre es nicht. Ich weiß nur, dass es so ist.“

"Noch--"

"Einen Moment bitte!" rief Madame Victoria und beugte sich wieder näher. „Sie haben kürzlich etwas verloren, Mr. Sibley.“

Nick lachte.

„Können Sie mir sagen, wie ich es finden kann?“ er hat gefragt.

"Habe ich recht?"

"Ja."

„Ich kann noch nicht sagen, was es ist – aber ich habe das Gefühl, dass Sie etwas vermissen, das Sie normalerweise bei sich tragen.“

"Das ist wahr."

„Nein, ich kann Ihnen nicht sagen, wie Sie es finden – zumindest nicht im Moment. Es ist noch nicht still, es ist noch nicht lokalisiert. Es bewegt sich – bewegt – bewegt sich. Ich sehe Rauch und höre Schüsse. Ich habe den gleichen Eindruck wie vorhin – dass Sie in letzter Zeit in Gefahr waren.“

Wieder sprach sie mit derselben schnellen, leidenschaftlichen Ernsthaftigkeit wie zuvor, als ob jede empfindliche Saite ihres zarten Organismus plötzlich angeschlagen worden wäre und sie mit neuen und seltsam richtigen Eindrücken erschüttert hätte.

Nick Carter saß da und beobachtete sie wie eine Katze eine Maus, aber er konnte keine Anzeichen von Simulation oder Verrat erkennen. Ihre Stimme, ihr Aussehen, ihre Handlungen und ihre ständig wechselnden Stimmungen schienen vollkommen echt zu sein.

„Ich gebe zu, dass ich in letzter Zeit in Gefahr war“, antwortete er auf ihre letzte Bemerkung.

Madame Victoria beugte sich über den Tisch und richtete ihren Blick erneut mit diesem seltsam intensiven Blick auf ihn.

„Vor Ihnen liegen größere Gefahren“, erklärte sie schnell.

"Ist das so?" fragte Nick und fragte sich, was jetzt kommen würde.

„Viel größere Gefahren.“

„Von welcher Art?“

"Viele Arten."

„Ein allgemeines Sortiment, was?“

„Du betrachtest sie leichtfertig, aber ich denke, das ähnelt dir.“

"Eher."

„Wenn Sie das jetzt tun, Mr. Sibley, werden Sie Unrecht tun.“

„Warum?“

„Die Gefahren, die Sie bedrohen, können nicht klugerweise ignoriert werden. Ich bin von der Überzeugung beeindruckt, dass Ihr Leben gefährdet ist durch – Halten Sie einen Moment inne!"

"Also?"

Wieder runzelte Madame Victoria die Stirn und schüttelte heftig den Kopf, offensichtlich bemüht, ihre Eindrücke klar zu deuten.

„Ah, ich habe es!" sie weinte plötzlich. „Sie sind geschäftlich in Boston – eine gefährliche Angelegenheit."

"Also?" fragte Nick, entschlossen, ihr nichts zu sagen.

„Sie haben mich um Rat gebeten?"

"Ja."

„Dann rate ich dir, es fallenzulassen."

„Was fallen lassen?"

„Dieses gefährliche Geschäft."

„Wissen Sie, woraus es besteht?"

„Davon habe ich keinen Eindruck", antwortete Madame Victoria mit neugierigen, nervösen Bemühungen, ihren Geist für die gewünschte Information empfänglich zu machen, Bemühungen, die ihr den Schweiß in winzigen Tropfen auf Hals und Stirn trieben.

„Nein, nein. Ich verstehe es nicht – ich kann es nicht verstehen", fügte sie plötzlich keuchend hinzu. „Ich habe keine Ahnung, woraus es besteht. Dennoch rate ich Ihnen, es fallenzulassen."

„Wegen der damit verbundenen Gefahren?"

"Ja."

„Sie werden mich nicht abschrecken", sagte Nick mit einem Kopfschütteln. „Ich renne nie vor einer Gefahr davon."

„Es gibt noch einen weiteren Grund."

„Dafür, dass du das Geschäft aufgegeben hast?"

"Ja."

"Was ist es?"

"Du wirst es nicht schaffen."

„Mein Unterfangen gescheitert?“

„Das ist mein Eindruck. Ah, ich sehe dich lächeln!“ rief die Frau und wischte sich die feuchten Wangen und die Stirn ab. „Es ist falsch, meine Vorhersagen zu verspotten und zu ignorieren. Fragen Sie andere, denen ich Ratschläge gegeben habe. Ich habe mich noch nie bei einer dieser Vorhersagen geirrt. Befolgen Sie meinen Rat, Mr. Sibley, und vermeiden Sie die drohenden Gefahren.“

Nick hatte ungläubig gelächelt und stand auf, um zu gehen. Er sah, dass die Frau ihm nichts mehr zu sagen hatte, und er hatte auch keine Lust, mehr in derselben Richtung zu hören.

Nachdem Nick ihr Honorar durch Einlösung eines Schecks bezahlt hatte, um mit Grady den Schaden an seinem Flitzer zu begleichen, wünschte er Madame Victoria einen guten Morgen und ging.

An der Tür des inneren Zimmers reichte ihm die Frau ihre Hand, die er ernst annahm, wobei er gleichzeitig bemerkte, dass sie feucht vom Schweiß und doch so kalt wie eine Hand aus Ton war.

Kapitel VII.
DAS TIEFERE GEHEIMNIS.

Nick Carter war verwirrt.

Sein Interview mit Madame Victoria hatte ihn in gewisser Weise ins Wanken gebracht.

Er konnte sich das Wissen, das sie indirekt und zweideutig an den Tag gelegt hatte, nicht erklären. Es deutete eindeutig darauf hin, dass sie aus irgendeiner Quelle Informationen über ihn und seine Geschäftspläne sowie über die Verluste erhalten hatte, die er bei seiner Begegnung mit dem Straßenräuber erlitten hatte.

Wurden diese Informationen wirklich durch die okkulten Kräfte gewonnen, über die die Frau angeblich verfügte?

Nick Carter war nicht bereit, daran zu glauben, denn er hatte nur wenig Vertrauen in das Übernatürliche.

Andererseits schien jede natürliche Erklärung gleichermaßen schwierig.

„Mein geplanter Besuch in ihren Räumen war nur drei Personen bekannt, von denen sie hätte erfahren können, und es waren Badger und seine Frau sowie Grady", argumentierte Nick ratlos. „Ich weiß mit Sicherheit, dass Grady sie nicht informiert hat. Selbst wenn man davon ausgeht, dass die Badgers dies durch eine telefonische Kommunikation mit ihr taten, konnten sie unmöglich ahnen, dass ich sie verkleidet aufsuchen würde. Mein Make-up und der fiktive Name, den ich gegeben habe, hätten sie sicherlich für meine Identität blind machen sollen. Dennoch glaube ich nicht, dass sie alle von ihr mitgeteilten Fakten allein durch Zufall hätte erraten können, und ich bin froh, wenn ich das Geheimnis ganz ergründen kann."

Je mehr Nick darüber nachdachte, desto sicherer wurde er, dass unter der Oberfläche ein krummes Werk existierte, und das machte ihn umso entschlossener, herauszufinden, was es war.

„Ich werde Chick und Patsy telegrafieren, damit sie hierher kommen", beschloss er abrupt, als er zum Adams House zurückkehrte, bei dem er sich registriert hatte. „Ich brauche ihre Hilfe bei der Suche nach diesen Straßenräubern, die ich nun fest entschlossen bin, zur Strecke zu bringen. Nachdem ich Chick eine Nachricht geschickt habe, werde ich einen weiteren Streit mit der Wahrsagerin führen. Ich bin gesegnet, wenn ich zulassen werde, dass sie mich auf diese Weise niederwirft – nicht und mich unten hält!"

Bis zum Hotel war es nur ein kurzer Spaziergang, und dort schickte Nick ein Telegramm an Chick Carter, seinen Chefassistenten, und befahl ihm und Patsy, einer seiner jüngeren Detectives, mit dem ersten Zug nach Boston zu kommen und sich ihm im Adams House anzuschließen .

Nick wusste, dass beide am späten Abend eintreffen würden, und hoffte, bis dahin den Teil des Rätsels um die Wahrsagerin in der Tremont Street gelöst zu haben.

Nachdem er eine halbe Stunde zu Mittag gegessen hatte, ging Nick in sein Zimmer und untersuchte seine Verkleidung, die er nicht abgelegt hatte.

„Es ist bis ins kleinste Detail perfekt", erklärte er im Geiste, während er sich selbst im Spiegel betrachtete. „Sie kann das Make-up unmöglich entdeckt haben, und es muss eine andere Erklärung für ihre Andeutungen geben. Ich werde es ausziehen und sie dieses Mal persönlich besuchen."

Während er die Verkleidung abnahm, bemerkte Nick den Karfunkelring an seinem Finger, nahm ihn sofort ab und steckte ihn in die Tasche eines anderen Anzugs, den er gerade anziehen wollte.

„Ich werde nichts an mir haben, was sie heute Morgen gesehen haben könnte", sagte er sich. „In ihren leuchtenden Augen liegt eine Menge listiger Scharfsinn, und ich werde dafür sorgen, dass sie nichts entdeckt, was mich mit ihrem Besucher namens Sibley identifizieren könnte. Wenn ihr das gelingt, die Hexe, wird etwas mehr als natürlich darin sein – oder eine Art schurkische List, die unter der Oberfläche am Werk ist. Ich wette, sie wird dieses Mal nicht den Eindruck haben, dass zwei Männer ihr Zimmer betreten, und auch nicht, dass ich heute Morgen dort war."

Modisch gekleidet und mit seinem starken, attraktiven Gesicht, das zum Beobachten einlud, erschien Nick zum zweiten Mal in den Räumen von Madame Victoria, nur etwa eine Stunde nachdem er sie verlassen hatte.

Das Mädchen im Wartezimmer erkannte ihn nicht, und Nick traf sogar die Vorsichtsmaßnahme, seine Stimme um einige Stufen von der zuvor verwendeten zu unterscheiden.

„Ist Madame Victoria außer Gefecht gesetzt?" er erkundigte sich.

„Das ist sie, Sir, gerade jetzt", sagte das Mädchen.

„Meine Karte", sagte Nick knapp. „Ich hätte gerne ein Geschäftsinterview mit ihr."

„Einen Moment, Sir."

Das Mädchen verschwand im Innenraum und kehrte dann ohne die Karte zurück.

„Madame wird Sie empfangen, Mr. Carter", sagte sie und verbeugte sich.

Nick ließ wie zuvor seinen Hut zurück und näherte sich dem inneren Raum.

Seine Erinnerungen daran waren nicht angenehm. Die enge Atmosphäre, das grüne Licht, die Wände, die mit mystischen Insignien geschmückt waren, die Frau in einem purpurnen Gewand, die sein übliches scharfes Denken so verwirrt hatte und deren Berührung ihn so berührte, als hätte jemand die Hand einer Leiche berührt – Alles hatte einen unangenehmen Eindruck auf ihn hinterlassen, als ob man sich in Dinge eingemischt hätte, die mit den schwarzen Künsten zu tun hatten.

Er fand Madame Victoria wie zuvor am Tisch sitzend und sah für ihn mehr denn je wie eine Zauberin aus, als er ernst über die Schwelle trat.

Die Frau blickte von der Karte zwischen Daumen und Fingern auf, und Nick glaubte einen subtilen Lichtsprung aus den Tiefen ihrer leuchtenden Augen zu erkennen. Es verschwand jedoch so schnell, dass er sich dessen nicht sicher sein konnte, obwohl er nun auf der Hut vor dem kleinsten Verrat war, der für ihn von Bedeutung sein könnte.

Madame Victoria war die Erste, die das Wort ergriff.

„Nehmen Sie Platz, Sir", sagte sie und lächelte etwas seltsam. „Ihre Karte informiert mich darüber, dass Sie Detective Carter aus New York sind."

"Ja, Madame."

„Mein Dienstmädchen sagte, Sie wünschen sich ein Geschäftsgespräch mit mir."

"Würdest du bitte."

„Das Geschäft aus meiner Sicht oder aus Ihrer Sicht?" fragte Madame Victoria, immer noch lächelnd. „Mit anderen Worten, Detective Carter, hat Ihr Besuch etwas mit Ihrem Unternehmen zu tun oder mit meinem?"

„Das Geschäft gehört uns", sagte Nick spitz.

„Ah, sozusagen ein gegenseitiges Interesse", lachte die Frau und warf ihm einen bezaubernden Blick zu.

"Genau."

„Dann, da Sie nicht angerufen haben, um mich beruflich zu konsultieren", sagte die Madame, „kann ich gerne meine übliche Geisteshaltung aufgeben, mich für äußere Eindrücke anfällig zu halten, und Sie konventioneller empfangen. Worüber möchten Sie mit mir sprechen, Detective Carter?"

Nick spürte instinktiv, dass er bereits von der Frau abgewehrt wurde, und er erkannte mit halbem Auge, wenn er es nicht schon vorher gesehen hatte, dass er es mit einem bemerkenswert klugen und klugen Charakter zu tun hatte, der ihm in Sachen fast ebenbürtig war Diplomatie und List.

Nick legte daher kurz den Beweggrund seines Besuchs beiseite und wandte sich wieder dem Geschäft zu, das ihn in erster Linie in die Gemächer von Madame Victoria geführt hatte.

„Ich möchte Ihnen ein paar Fragen stellen", sagte er.

"Worüber?"

„Über den jüngsten Raubüberfall auf Sie und Mrs. Badger in Brookline."

„Ah, tatsächlich!"

„Ich bin von Chief Weston von der örtlichen Polizei beauftragt, einige dieser hier begangenen Autobahnüberfälle zu untersuchen und die Täter festzunehmen."

"Liebe mich! Ich freue mich, das zu hören, Detective Carter, und hoffe, dass Sie Erfolg haben werden", rief Madame Victoria aus und zeigte nun ein sehr lebhaftes Interesse.

"Das hoffe ich auch."

„Ich habe einige wertvolle Juwelen verloren, und Claudia auch – das ist Mrs. Badger, Sir – und ich wäre mehr als froh, sie wiederzubekommen."

"Kein Zweifel."

„Oder um Ihnen dabei zu helfen, die Festnahme und Verurteilung der Diebe zu beschleunigen", fügte die Frau hinzu. „Wie kann ich Ihnen helfen, Detective Carter?"

„Indem Sie mir ein paar Fragen beantworten, Madame –"

"Begnadigung!" sie warf dazwischen.

"Also?"

„Sie können mich Miss Clayton nennen, wenn Sie mich nicht beruflich konsultieren, Detective Carter", erklärte sie mit einem faszinierenden kleinen Lachen. „Wie Menschen in anderen Kunstbereichen auch, praktiziere ich unter falschem Namen. Wenn Sie meine Schwester, Mrs. Badger, oder ihren Ehemann jemals treffen, werden sie mich wahrscheinlich mit meinem richtigen Namen nennen. Deshalb nutze ich diese Gelegenheit, um es Ihnen zu sagen. Nur hier oder bei der Besprechung meiner beruflichen Tätigkeit verwende ich meinen Firmennamen."

Nick fragte sich, ob das alles nur dazu gedacht war, den Eindruck zu erwecken, sie sei nicht über seinen Besuch bei Badger und seiner Frau informiert worden, und in den Augen des großen Detektivs tauchte kurz ein neuer Verdacht auf. Dennoch sagte er leise mit einem Nicken, dass er sie verstehe.

„Es spielt für mich keine Rolle, welchen Namen Sie verwenden, vorausgesetzt, Sie beantworten meine Fragen", fügte er hinzu.

„Das werde ich gerne tun, Detective Carter."

„Ich habe hier ein Schnappschussfoto, das Sie angeblich zum Zeitpunkt des Raubüberfalls gemacht haben."

"Ja, das ist wahr. Ich hatte meine Kodak dabei und zufällig konnte ich – "

„Chief Weston hat mir erzählt, wie Sie an das Foto gekommen sind", warf Nick ein, um die Sache zu beschleunigen.

"Ah ich sehe."

„Ich möchte vor allem wissen, ob Sie die Diebe gut gesehen haben oder zu viel Angst hatten, um sie genau zu bemerken."

„Oh, ich war nicht sehr beunruhigt", lächelte Madame Victoria und zuckte mit ihren schönen Schultern. „Ich sah, dass der Verlust unserer Wertsachen unvermeidlich war, aber ich hatte keine Angst um mein Leben."

„Ist Ihnen die Frau, die auf diesem Foto zu sehen ist, besonders aufgefallen?"

„Ich habe alles gesehen, was von beiden Schurken zu sehen war, Detective Carter", erklärte die Frau mit einem nachdrücklichen Nicken.

„Haben Sie eine Besonderheit an der Frau festgestellt?"

„Nur ihre ungewöhnliche Größe."

„Sie war größer als der Mann?"

„Ja, tatsächlich; mehrere Zentimeter größer."

„Aber auf dem Bild scheint er fast 1,80 Meter groß zu sein.“

„Das würde ich beurteilen, wenn ich mich jetzt an ihn erinnere.“

„Eine Frau, die größer ist, ist sehr selten“, sagte Nick, „und eine, die ziemlich leicht aufzuspüren wäre.“

„Das stimmt, Sir.“

„Sind Sie ganz sicher, dass es eine Frau war?“

"Sicher? Ja, ganz sicher!“ rief Madame Victoria lachend.

„Aus welchen Gründen?“

„Weil, Detective Carter, ich die Spitze ihres Kinns unter ihrem schwarzen Schleier sah, und es war so glatt und weiß wie mein eigenes.“

„Noch etwas?“

„Auch ihre Hand und ihr Arm, von letzterem konnte ich im Ärmel ihres Automantels nur wenig sehen, waren so schön und rundlich wie meine eigene.“

Nick warf einen Blick auf die hübsche Hand und den Arm, die sie ihm entgegenstreckte, und kam zu dem Schluss, dass sie nicht zu verwechseln waren.

„Mein erster Eindruck, Detective Carter“, fügte sie schnell hinzu, „war derselbe wie Ihrer – dass ihre Größe den Verdacht rechtfertigen könnte, dass es sich um einen Mann in Frauenkleidung handelte. Aus diesem Grund, Sir, habe ich sie besonders beobachtet.“

„Das freut mich“, verneigte sich Nick. „Ich habe hier hauptsächlich angerufen, um diese Frage des Geschlechts zu klären, und ich habe Mrs. Badger bereits danach gefragt.“

„Oh, tatsächlich! Dann hast du sie gesehen?“

„Ich habe sie heute Morgen in Brookline besucht.“

„Bestätigt das, was ich sage, ihre Aussagen?“

"Ja."

Nick hatte den Anruf nur erwähnt, um zu sehen, ob Madame Victoria sagen würde, dass sie inzwischen etwas von den Badgers gehört hatte, aber sie tat nichts dergleichen und ließ Nick glauben, dass sie es nicht getan hatte. Dies verstärkte nur seinen wachsenden Verdacht, als er sich daran erinnerte, was sie an diesem Morgen gesagt hatte; und er fügte nun ernst hinzu, während sein Blick gleichgültig auf ihr Gesicht gerichtet war:

„Ich glaube, es gibt nur noch eine Frage, die Sie mir gerne beantworten würden, Madame Victoria."

"Einziger?"

"Das ist alles."

„Fragen Sie es, Detective Carter."

Nicks Stimme wurde etwas leiser und eindrucksvoller.

„Ich möchte wissen, was Sie zu mir gesagt hätten, Madame Victoria, wenn ich angerufen hätte, um Sie professionell zu beraten."

Das Lächeln verweilte immer noch auf den roten Lippen der Frau, und ihr Blick begegnete ihm, ohne mit der Wimper zu zucken.

„Ich hätte sagen sollen, Detective Carter, was mein erster Eindruck mich dazu veranlasste zu sagen, was ich jedoch zu unterdrücken beschloss."

"Was war das?"

„Ich hätte Ihnen sagen sollen, dass ich mich beim Eintreten so gefühlt habe, als würde ich eine Person treffen, die kürzlich hier angerufen hatte."

„Hast du das gefühlt?"

"Ich tat."

„Wie denkst du jetzt darüber?"

„Ich bin mir jetzt sicher."

"Von was?"

„Dass Sie heute Morgen unter dem Namen Sibley hier waren", antwortete Madame Victoria und runzelte nun leicht die Stirn. „Ich kann mir unmöglich vorstellen, warum Sie verkleidet und unter falschem Namen hierher gekommen sind, Detective Carter, aber ich bin überzeugt, dass Sie es getan haben."

„Wie haben Sie sich dieses Wissen angeeignet?" Forderte Nick jetzt und ignorierte ihre leise Zurechtweisung.

„Ich habe diese Frage für Mr. Sibley beantwortet", lautete die Antwort mit einem versteckten Hohnlächeln. „Daher besteht für mich keine Notwendigkeit, die Frage für Sie zu beantworten."

„Sie haben es durch Ihre Eindrücke erlangt?"

"Ja."

„Auf keine andere Weise?"

"Keiner."

„Dann ist es, wie Mr. Sibley heute Morgen sagte, sehr mysteriös", erklärte Nick trocken und stand auf, um zu gehen.

„So viele denken, wie ich heute Morgen sagte."

„Ich muss sagen, Madame Victoria, dass ich keine böswilligere Absicht hatte, als ich verkleidet hierher kam, als die Gültigkeit einiger Ihrer Behauptungen über okkulte Kräfte zu beweisen. Ich möchte auch hinzufügen, dass Sie mir eines der seltsamsten Probleme meines Lebens gestellt haben."

"In der Tat!"

„Ich werde jedoch Wert darauf legen, das Problem zu lösen."

Madame Victoria lachte und musterte ihn seltsam unter ihren herabhängenden Lidern.

„Wenn Sie das Problem lösen und dabei herausfinden müssen, wie ich zu diesen Eindrücken komme, Detective Carter, werden Sie mehr tun, als ich kann", sagte sie und erhob sich, um sich von ihm zu verabschieden.

„Dann werde ich sicherlich mehr tun, Madame Victoria, als Sie können", erklärte Nick leise, als er ihre angebotene Hand entgegennahm.

„Das denkst du, was?"

„Das tue ich, Madame! Ich habe einen sehr ausgeprägten Charakterzug, der für Sie vielleicht von Interesse sein könnte."

"Was ist das?"

„Ich lasse kein Geheimnis fallen, Madame Victoria, bis es – aufgehört hat, ein Geheimnis zu sein!"

Das Letzte wurde freundlich, aber sehr nachdrücklich gesagt, als Nick sich verneigte und sich aus dem Zimmer zurückzog, während die lächelnden

Augen der Frau ihm ständig begegneten, bis sich die Tür zwischen den beiden schloss.

Dann überkam sie eine dieser schnellen Veränderungen, die man nur erlebt, wenn unterdrückten Leidenschaften, die durch Zurückhaltung verstärkt werden, plötzlich freien Lauf gelassen wird.

Ihr Lächeln verschwand wie ein Blitz und wurde von einem Stirnrunzeln verdrängt, das jedes ihrer Gesichtszüge verklärte und ihrem normalerweise attraktiven Gesicht den drohenden und rachsüchtigen Ausdruck einer Wut verlieh. Mit leuchtenden Augen, mit zusammengezogenen Lippen und mit zuckender Brust unter dem plötzlichen Anschwellen ihrer aufgestauten Gefühle schüttelte sie dem fortgehenden Detektiv beide geballten Hände hinterher, während sie heftig durch ihre weißen Zähne murmelte:

„Du wirst das Problem lösen, oder? Du wirst den Schleier des Geheimnisses zerreißen, oder? Nicht, wenn ich es weiß – nicht, wenn ich es verhindern kann, Mr. Nick Carter!

„Passen Sie auf, was Sie tun – was Sie versuchen! Lass den Preis sein, was es wolle, meine Vorhersage wird sich erfüllen, und nur das Scheitern wird dein Schicksal sein! Hüten Sie sich davor, zu scheitern, denn der unvermeidliche Preis des Scheiterns wird der Tod sein!“

Dann drehte sie sich um und eilte durch den Raum, wobei jede Bewegung ihrer geschmeidigen und geschmeidigen Figur so schnell und anmutig war wie die eines Leoparden. Mit einer schnellen Armbewegung schob sie den Vorhang einer Tür eines kleinen Schranks beiseite, in den sie eintrat, um den Hörer eines an der Wand befestigten Telefons zu ergreifen.

„Gib mir 22 Ring 2, Brookline!“ sie befahl.

Es war die Nummer des Telefons im Haus von Herrn Amos Badger.

KAPITEL VIII.
UNTER DER OBERFLÄCHE.

Wie Nick Carter beim Abwägen des mysteriösen Wissens, das Madame Victoria an den Tag legte, zu Recht vermutet hatte, steckte etwas unter der Oberfläche.

Was das Etwas war, zeigte sich darüber hinaus deutlich in dem, was auf Nicks Besuch im Vorstadthaus von Herrn Amos Badger folgte.

In dem Moment, als der Detektiv in Begleitung von Grady ging, vollzog sich sowohl bei Badger als auch bei seiner Frau eine tiefgreifende Veränderung.

Mit einem hässlichen Glanz in seinen dunklen Augen, die immer noch dem Flitzer folgten, der die lange Auffahrt entlangraste, riss Badger die roten Flanellbinden von seinem Hals und rief vehement:

"Wütend! Diese höllischen Dinge haben mich aus jeder Pore zum Stinken gebracht! Dem Himmel sei Dank blieb er nicht länger, sonst wäre ich in meine Stiefel gerannt. An mir liegt kein trockener Lappen."

Seine Frau lachte, ein bösartiges kleines Lachen, das für ehrliche Ohren äußerst unangenehm war.

„Aber der Trick hat gut funktioniert, Amos", rief sie jubelnd.

„Ja, anscheinend."

"Scheinbar?"

„Das habe ich gesagt", knurrte Badger, als der Flitzer außer Sichtweite war.

"Wie meinst du das?" forderte Claudia mit erhöhter Besorgnis.

„Ich meine, man weiß nie, was Nick Carter denkt und vermutet, wie auch immer er sich verhält", antwortete Badger gereizt. „Er ist an der Oberfläche eine Sache, darunter eine andere. Über ihn lässt sich nichts sagen, und es tut mir höllisch leid, dass Weston ihn hierher gebracht hat."

„Bah!" rief seine Frau verächtlich. „Er kann nicht mehr erreichen als die Bostoner Ermittler."

„Da bin ich mir nicht so sicher."

„Wir können ihn täuschen, so wie wir die anderen getäuscht haben."

„Dennoch hat er einige verdammt hässliche Fragen gestellt", erklärte Badger mit einem zweifelnden Kopfschütteln. „Und ich fürchte mehr als halb, dass er unseren Trick bereits ahnt."

„Hast du den Verdacht, dass du nur eine Krankheit vortäuschst?"

"Möglicherweise."

"Unsinn! Darüber und auch nicht über irgendetwas anderes, das uns ernsthaft betrifft, kann er nichts erfahren haben."

Badger wandte sich schnell ab und begrüßte den Mann in der Einfahrt.

„Komm rein, Jerry", befahl er. "Ich möchte mit dir sprechen."

Conley ließ seine Arbeit fallen, eilte ins Haus und folgte Badger und seiner Frau in die Bibliothek.

„Was willst du , Amos?" Erkundigte er sich mit einer Vertrautheit, die deutlich zeigte, dass er mehr als nur ein Diener des Ortes war.

„Ich möchte genau wissen, was Carter zu Ihnen gesagt hat", antwortete Badger und warf sich auf einen Stuhl.

„Er fragte nur, ob ich hier unten ein Auto die Straße entlangfahren gesehen hätte."

"Nichts mehr?"

"Kein Ding."

„Ich dachte, ich hätte ihn etwas über mich, Conley, und den Schnitt meines Auslegers sagen hören ."

„Oh, das lag nur daran, dass er nichts von mir lernen konnte und ihm die Freude, die ich ihm bereitete, nicht gefiel", antwortete Conley grinsend. „Was zum Teufel habe ich ihm gesagt, Amos, und ich habe ihn nur so lange an der Leine gehalten, bis ich absolut sicher war, dass du und Claudy aus euren Auto-Rigs raus und in die Klamotten geschlüpft seid, in denen er euch gefunden hat."

„Sind Sie sicher, dass er die andere Maschine nicht gesehen hat?" fragte Badger besorgt.

„Die, die du benutzt hast, als du ihn hochgehalten hast?"

"Ja sicher."

„Oh, ich bin mir absolut sicher, dass er das nicht gesehen hat", rief Conley selbstbewusst. „Das hatte ich gut fünf Minuten vor seinem Auftauchen im Flitzer in der Geheimhülle."

„Und Sie waren auf der anderen Seite bei der Arbeit, als er ankam?"

„Ja, lange bevor er ankam."

"Pah! „Er konnte den Peerless nicht gesehen haben, als er hier ankam, Amos", ergänzte Claudia entschieden. „Wir ließen diesen Flitzer zurück, als wäre er an einen Pfahl gebunden."

„Das weiß ich alles", knurrte Dachs; „Aber ich möchte sicher sein, dass der höllische Detektiv keine Verbindung zu uns hat, nachdem er hier angekommen ist. Ich sage euch beiden, er ist ein Mann, vor dem man Angst haben muss, und wir können nicht vorsichtig genug sein, falls er es unternimmt, uns festzunehmen."

„ Scheiße !" knurrte Conley mit einem finsteren Ausdruck in seinen listigen Augen. „Wenn er klug wird und uns zu sehr unter Druck setzt, können wir eines tun."

„Ihn aus dem Weg räumen?"

"Sicher."

„Es muss getan werden", sagte Badger mit einem Nicken. „Dennoch habe ich keine Lust, mir den Hals in eine Schlinge zu legen, wenn es vermeidbar ist."

„Das geht auch ohne", sagte Conley mit grimmiger Bedeutung.

„Es kommt mir so vor", warf Claudia ein, „dass wir Vic einen Hinweis geben sollten, dass Carter sie besuchen kommt und dass er hier draußen war."

„Das stimmt auch."

„Wenn er so schlau ist, wie du sagst, Amos, muss man ihn mit Handschuhen anfassen", fügte die Frau hinzu. „Vic sollte über seinen Besuch und seine Geschäfte gewarnt werden, damit sie auf ihn vorbereitet ist und ihn von jedem Verdacht abhält."

„Ich kann sie telefonisch informieren."

"Es muss getan werden."

„Es gibt keine große Eile", antwortete Badger. „Carter wird dort erst in einer Stunde ankommen."

„Sie müssen ihr genau sagen, was wir getan haben und warum wir es getan haben."

„Sag ihr, dass wir ihn heute Morgen aufgehalten haben?"

"Ja sicher; auch , dass wir mit seiner Uhr und seinem Geld davongekommen sind."

„Warum ihr das alles erzählen?"

„ Vielleicht weiß sie also, wie sie mit ihm umgehen muss", erklärte Claudia mit zusammengezogenen Brauen. „Vic ist schlau, das stimmt, aber sie könnte uns irgendwie verunsichern, wenn sie gegen Nick Carters Klugheit antritt, es sei denn, sie weiß genau, was sein Spiel ist und was hier draußen passiert ist."

„Ich gehe sofort hin und rede mit ihr", sagte Badger und erhob sich.

„Eine gute Idee", sagte Conley zustimmend. „Lass Vic in Ruhe, damit er jedes Spiel, das er hat, in den Wahnsinn treibt."

„Halte einen Moment inne, Amos", rief seine Frau im Nachhinein.

"Also?"

„Wenn Carter, wie Sie offenbar zu befürchten scheinen, einen Verdacht gegen uns hegt, könnte er sofort mit einigen seiner heimtückischen Machenschaften beginnen."

"Wie meinst du das?"

„Vielleicht sagt er Vic nicht, wer er ist."

„Möglicherweise nicht."

„Und er könnte sie in einen Selbstverrat verwickeln, falls er sie genau befragt, während sie nichts von seiner Identität weiß."

„Was zum Teufel können wir tun, um das zu verhindern?" forderte Badger mit einem Stirnrunzeln.

„Ich sage dir was", sagte Claudia, die offensichtlich viele der schlauen Qualitäten ihrer Schwester besaß.

„Nun, raus damit."

„Zuerst, Amos, beschreibe ihr ihn, damit sie ihn nicht verwechseln kann, und dann –"

„Warte noch ein bisschen", unterbrach Conley, der interessiert zuhörte. „Vielleicht kommt es ihm in den Sinn, verkleidet dorthin zu gehen, denn das ist ein cleverer Trick von ihm."

„Das wäre genau das, wozu ich gekommen wäre, Jerry, wenn du mich hättest ausreden lassen", schnappte Mrs. Badger. „Wir können jede Verkleidung, die er annimmt, leicht abwehren."

"Wie so?"

„Allein dadurch, dass er Vic erzählt, dass er einen roten Karfunkelring am dritten Finger seiner linken Hand trägt", sagte Claudia. „Er wird es nicht für nötig halten, das zu entfernen, Amos, selbst wenn er sich verkleidet."

"Von Jove! das ist so."

„Gehen Sie jetzt und erzählen Sie ihr alles."

Badger eilte in die Halle, wo man ihn sofort mit vorsichtigen Worten, von denen er offensichtlich wusste, dass sie leicht verstanden werden würden, die Informationen über Nick mitteilen konnte, die ihn so verwirrt hatten.

Aufgrund dessen, was ihr jetzt über das Kabel gesagt wurde, warf Madame Victoria als erstes einen Blick auf Nicks linke Hand, als er ihre Räume betrat, und erkannte ihn sofort in der Verkleidung von Sibley.

Bei seinem zweiten Besuch bemerkte die Wahrsagerin außerdem sofort, als er seine eigene Karte vorlegte, dass er den Ring abgenommen hatte, und das allein reichte aus, um sie davon zu überzeugen, dass er anfing, ein Doppelspiel zu spielen, und dass er einen Verdacht hinsichtlich ihr und den Badgers geäußert haben muss.

Nach Nicks erster Abreise rief sie Badger an und teilte ihm mit, dass er dort gewesen sei, und dieser führte dann eine zweite Beratung mit seiner Frau und Conley durch.

Da er nicht wusste, dass Nicks Hauptzweck mit dem verkleideten Besuch bei Madame Victoria darin bestand, ihre besonderen Kräfte auf die Probe zu stellen, steigerten sich Badgers Befürchtungen natürlich.

„Er ist weise und hat schon ein Spiel gegen uns vor, sonst wäre er nicht verkleidet dorthin gegangen", argumentierte er ernst. „Ich bin ruiniert, völlig ruiniert, es sei denn, wir können diese Straßenarbeiten noch ein paar Wochen länger fortsetzen. Ich werde völlig überfordert sein, wenn ich nicht auf diese Weise die nötigen Mittel aufbringen kann, um über die Runden zu kommen, bis der Aktienmarkt wieder steigt."

„Wir werden die Straßenarbeiten fortsetzen, Amos, keine Angst", erklärte seine Frau knapp, mit einem bösen Glanz in ihren ausdrucksstarken

Augen. „Ich habe es Ihnen vorgeschlagen, und ich habe meinen Teil dazu beigetragen, Ihnen dabei zu helfen."

„Das stimmt."

„Und wir werden es jetzt nicht aufgeben, Amos, Carter hin oder her."

„Das werden wir nicht", knurrte Conley kopfschüttelnd. „Da ist zu viel Gutes drin, als dass wir es zu diesem Zeitpunkt von diesem Mann, Carter, verunglimpfen lassen könnten. Wenn es zum Schlimmsten kommt, Amos, wird ihn ein Messer zwischen seinen Rippen aus dem Weg räumen."

„Das ist leichter gesagt als getan."

„Nicht, wenn es um ein solches Stück geht."

„Ich habe keine Angst vor Weston und seinen zweitklassigen Detectives", fügte Badger launisch hinzu; „Aber dieser Carter ist der ganzen Truppe überlegen."

„Bah!" rief Claudia. „Sie sind unnötig beunruhigt. Zunächst einmal, Amos, er kann unmöglich so schnell etwas Bestimmtes über uns erfahren haben."

„Möglicherweise nicht."

„Er konnte uns nicht als das Paar identifiziert haben, das ihn heute Morgen überfallen und ausgeraubt hat, und er muss ganz sicher denken, dass das nur ein Zufallsjob war und nicht einer, den wir geplant hatten, als wir hörten, dass er in einem Flitzer hierherkommen würde. ”

„Nein, das hätte er nicht ahnen können", gab Badger zu.

„Außerdem", argumentierte seine Frau, „war mein Gesicht vollständig von meiner Staubbrille und dem falschen Bart bedeckt, und in meinem großen Automantel konnte man sicherlich nicht vermuten, dass ich eine Frau war, die plötzlich im Peerless auftauchte." dem du entkommen bist, nachdem du ihn ausgeraubt hast."

„ Klar geht das nicht", warf Conley ein. „Ich hätte geschworen, dass du selbst ein Mann wärst."

„Oh, ich glaube nicht, dass er die Wahrheit darüber weiß", antwortete Badger.

„Es gibt noch etwas anderes, was für uns spricht", fuhr Claudia fort.

"Was ist das?"

„Der angebliche Raubüberfall auf Vic und mich, Amos, und das Foto, das Vic gemacht hat, um Weston von der Wahrheit unserer Geschichte zu überzeugen.“

„Das war einer der klügsten Schachzüge aller Zeiten“, erklärte Conley lachend.

„ Das war es auf jeden Fall , Jerry, und Sie können Vic in Ruhe lassen, sich solche Pläne auszudenken“, sagte Mrs. Badger mit einem bösen Ausdruck schwesterlichen Stolzes.

„Sie ist wirklich sehr scharf“, grinste Conley.

„Das Bild ist so gut wie ein positiver Beweis dafür, dass wir ausgeraubt wurden“, fügte Claudia hinzu; „Und Weston hat nie einen Moment an unserer Geschichte gezweifelt. Die bloße Tatsache, dass wir ausgeraubt wurden, wenn es tatsächlich so wäre, zeigt darüber hinaus deutlich, dass wir nicht gleichzeitig Diebe und Opfer gewesen sein können. Das wäre absurd, wissen Sie, und solange Carter das Foto als Quelle angibt, können wir nur so lange sicher sein, dass er uns nicht verdächtigt, Betrüger zu sein.“

„Das ist ein hässliches Wort für uns, Claudia“, knurrte Badger missbilligend.

„Man könnte die Dinge genauso gut beim richtigen Namen nennen“, lachte seine Frau. „Ich habe dir gesagt, dass ich eine Abenteurerin und eine Frau voller Nerven bin, Amos, als du mich heiraten wolltest, und du wusstest genau, womit du gerechnet hast.“

„Da kann ich nichts auszusetzen haben.“

„Das solltest du lieber nicht tun“, war die pointierte Erwiderung. „Ich mag das Leben, das ich jetzt führe, dieses Leben in guter Gesellschaft, denn es geht über die Bühne hinaus, oder das Reiten ohne Sattel in der Zirkusmanege, wofür Vic und ich im alten England erzogen wurden.“

„Was muss man sich auf diese Tage beziehen?“ murmelte Dachs und runzelte die Stirn.

„Nur damit Sie sich daran erinnern, aus welchem Stoff ich gemacht bin“, antwortete seine Frau achselzuckend. „Als du mir sagtest, dass du finanziell in der Klemme steckst, Amos, war ich derjenige, der dir diesen Plan eines Straßenraubs vorgeschlagen hat, um dir zu helfen. Da ich hier zusammen mit Jerry Ihr Assistent geworden bin, hat mir mein altes Leben voller Abenteuer gute Dienste geleistet. Ich kann das bösartigste Pferd reiten, und kein Auto kann zu schnell für mich fahren, Amos; Sie könnten also keinen besseren Helfer haben, egal ob ich Röcke oder Hosen trage, um eine Autoparty abzuhalten.“

„Das stimmt.“

„Was die Bosheit angeht – nun ja, der Großteil der Welt ist auf die eine oder andere Weise böse“, lachte die Frau. „Wir müssen es irgendwie schaffen, unseren Lebensunterhalt zu bestreiten, Amos; und dieses Leben voller Gefahren und Abenteuer passt einfach zu mir, ganz zu schweigen von den daraus resultierenden Gewinnen. Denken Sie nur ! – Letzten Monat haben wir fast zwanzigtausend aufgeräumt, vorausgesetzt, dass diese Gaylord-Juwelen so viel bringen, wie wir erwarten.“

„Oh, da ist genug Geld drin, das gebe ich zu“, nickte Badger.

„Und mit Vic, die uns hilft, mit Hilfe der Freundin, die sie so sehr unter ihrer Obhut hat, sind wir sicher, dass wir über jeden Schritt informiert sind, den Weston oder Nick Carter in Betracht ziehen. Deine Befürchtungen sind also unbegründet, Amos, wie ich eingangs sagte.“

„Ich gebe zu, dass es ein Riesenglück ist, dass wir den Anker auf der Luvseite haben“, sagte Badger, dessen Gesichtszüge sich nun entspannten.

„So ist es, Amos, und mit ihm, um uns zu informieren – Horch! Da klingelt wieder das Telefon. Ich wette, Vic hat noch mehr zu berichten.“

Claudia Badger hatte im letzten Recht.

Madame Victoria berichtete nun über den zweiten Besuch von Nick Carter und alles, was zwischen ihnen geschehen war; erklärte auch Nicks einfachen Zweck, als er sie zuerst verkleidet aufsuchte, und erklärte, dass er als letzter nur gekommen sei, um nach der Frau auf dem Foto zu fragen.

„Ich habe ihn gut durcheinander gebracht, Amos“, war Madame Victorias letzte Erklärung über das Kabel. „Von ihm ist derzeit nichts zu befürchten.“

Badgers dunkles Gesicht hellte sich auf, während er zuhörte, und er beeilte sich, die Mitteilung seiner Frau und Conley zu melden.

"Dort! was habe ich dir gesagt?" rief Claudia triumphierend. „Ich wusste, dass Vic selbst Nick Carter mehr als gewachsen sein würde. Jetzt muss nur noch eines getan werden, um den Verdacht von uns abzuwenden.“

"Was ist das?"

„Diese Straßenüberfälle müssen weiterhin stattfinden“, erklärte die Frau. „Wenn sie zu diesem Zeitpunkt, nach Carters Besuch hier, plötzlich enden, könnte er sehr wahrscheinlich daraus schließen, dass wir alarmiert sind, vorausgesetzt, er hat auch nur den geringsten Verdacht uns gegenüber. Ein weiterer Raubüberfall in dieser Nacht würde die Sache zu unseren Gunsten entscheiden."

„Das stimmt auch", sagte Conley, der den Punkt schnell erkannte.

Darüber hinaus wurde es getan und war eines der kühnsten, das es je gab, und die Berichte darüber füllten die Morgenzeitungen, zusammen mit unzähligen Leitartikeln, die die minderwertige Arbeit der Polizei anprangerten, weil sie nicht in der Lage sei, solche Verwüstungen zu verhindern.

Aber das Ende war noch nicht gekommen, denn noch am selben Tag entließ Chief Weston seine eigenen Männer aus dem Fall und übertrug ihm die alleinige Verantwortung Nick Carter.

KAPITEL IX.
KÖRPER UND GLIEDMASSEN.

„Chick, mir kommt eine Idee!"

Dieser Ausruf kam von Nick Carter gegen zehn Uhr morgens, zwei Tage nach der letzten Meldung über den Autobahnraub, und die anschließende Rede zeigte, mit welch bemerkenswerter Einsicht dieser große Detektiv zu den subtilen Schlussfolgerungen gelangte, die wesentlich zu seinem Erfolg beitrugen.

Chick und Patsy waren zwei Tage zuvor in Boston angekommen und beide befanden sich nun bei Nick in seinem Zimmer im Adams House.

Beide waren darüber hinaus vollständig über die von ihm bisher erfahrenen Tatsachen sowie über sein Interview mit den Badgers und seine Besuche bei Madame Victoria informiert.

Als er den obigen Ausruf aussprach, saß Nick an einem der Fenster seines Zimmers.

In einer Hand hielt er das Foto, das in diesem Fall eine so merkwürdige Rolle spielte und jeden gewöhnlichen Detektiv davon überzeugt hätte, dass Madame Victoria und Mrs. Amos Badger genau wie behauptet ausgeraubt worden waren, denn zumindest die Kamera hätte nicht gelogen.

Doch dieser überzeugende Beweis war so außergewöhnlich und die Umstände, unter denen er erlangt worden war, dass Nick von Anfang an geneigt war, dem Bild zu misstrauen.

In der anderen Hand hielt er nun eine große Lupe, durch die er das Foto sorgfältig studierte und es in den vollen Glanz der Morgensonne hielt.

„Was ist das, Nick?" fragte Chick, stand von seinem Stuhl auf und ließ eine Morgenzeitung fallen, in der über den letzten Raubüberfall berichtet wurde. „Sie haben eine Idee, sagen Sie?"

"Genau."

„Was ist los, Mr. Carter?" fragte Patsy und zeigte sofort lebhaftes Interesse. „Haben Sie auf dem Bild etwas Lahmes entdeckt?"

Nick lachte.

„Das trifft den Nagel auf den Kopf, Patsy", sagte er mit einem Blick in die Richtung des Jungen. „Ich glaube, ich fange an, einen Lichtstrahl in der Dunkelheit zu sehen."

„Was hast du entdeckt?" fragte Chick.

Und sowohl er als auch Patsy lehnten sich über die Rückenlehne von Nicks Stuhl.

Nick hielt das große Glas und das Foto so, dass alle drei das vergrößerte Bild deutlich sehen konnten.

„Ich werde erklären, was ich herausgefunden habe, und ich wundere mich, dass es mir nicht schon früher aufgefallen ist", sagte er ganz ernst. „Es bezieht sich auf diese große Frau, die auf dem Bild erscheint."

„Mensch! aber sie ist groß", bemerkte Patsy lachend. „Sie ist groß genug, um in ein Groschenmuseum zu passen."

„Das stimmt, Patsy", stimmte Nick lächelnd zu.

„Was ist daran so eigenartig, Nick?"

„Wie du wahrscheinlich weißt, Chick, gibt es eine allgemeine Einheitlichkeit in den Proportionen des menschlichen Körpers – eine regelmäßige Länge der Arme und Gliedmaßen im Vergleich zum Rumpf. Bei allen normalen Probanden sind die Proportionen nahezu gleich."

„Sicher", nickte Chick. „Die Reichweite eines Mannes, gemessen an den Spitzen seiner ausgestreckten Arme und Finger, entspricht normalerweise seiner Körpergröße."

"Richtig."

„Aber was hat das mit dem Bild zu tun, Mr. Carter?" fragte Patsy.

„Es hat mit dieser Frau zu tun", erwiderte Nick und zog seinen Bleistift heraus, um ihn als Zeiger zu verwenden. „Ich möchte, dass Sie ihren ausgestreckten Arm und ihre ausgestreckte Hand bemerken, in der sie den ausgerichteten Revolver hielt."

„Das ist klar genug, Sir."

„Es ist ein Glück, dass das so ist, Patsy", nickte Nick. „Jetzt, wo ich es genauer betrachte, ist auch klar, dass der Arm ein wenig in keinem Verhältnis zu ihrer übermäßigen Größe steht."

"Von Jove! es sieht tatsächlich so aus!" rief Chick aus und beugte sich näher, um die abgebildete Figur zu betrachten.

„Beachten Sie den Abstand von ihrer Schulter zu ihrer Hand, dann den Abstand von ihrer Schulter zu ihrer Hüfte, der durch die Rundung ihres langen Automantels deutlich erkennbar ist. Ihre Hüfte ist hier, Chick, wo ich die Spitze meines Bleistifts habe."

"Genau."

„Beachten Sie nun, dass ihre ausgestreckte Hand, wenn sie auf ihre Seite fallen würde, nur bis zu diesem Punkt reichen würde, der die gleiche Entfernung misst, einem Punkt, der nur wenig unter ihrer Hüfte liegt."

„Das ist klar", rief Chick. „Dennoch könnte die Kamera —"

„Die Kamera lügt nie", warf Nick ein.

„Dann muss die Frau unverhältnismäßig sein", erklärte Chick.

"Nicht unbedingt."

„Aber ihr Arm sollte länger sein, als es dort aussieht", beharrte Chick. „Ich habe gute Proportionen, das schwöre ich, und meine Hand reicht beim Senken bis zur Hälfte meines Oberschenkels."

„Das ist ungefähr richtig, Chick."

„Dennoch sagen Sie, die Frau sei nicht unproportioniert —"

„Ich sagte nicht unbedingt", warf Nick ein. „Wenn sie jedoch so groß wäre, wie sie auf dem Bild erscheint, würde ich zugeben, dass ihr Arm zu kurz für ihren Körper wäre."

„Oho, ich verstehe!" rief Patsy und fuhr auf. „Sie denken, Mr. Carter, dass sie nicht so groß ist, wie das Bild vermuten lässt."

„Genau das ist es, Patsy", nickte Nick.

„Wie kommst du da raus?" fragte Chick.

„Bemerken Sie diese Falte ihres Rocks, wo der Rock unter dem Rand ihres Automantels hervorschaut?"

„Nun, was ist damit?"

„Offensichtlich, Chick, die Falte hängt nicht ganz natürlich", erklärte Nick weiter, während er immer noch mit seinem Bleistift zeigte. „Es scheint ein wenig zu einer Seite und nach hinten von ihr gezogen zu sein, wobei der Saum des Rocks sorgfältig so angeordnet ist, dass er den Boden berührt, genau so, als ob er etwas darunter verbergen wollte."

„Etwas, auf dem sie stand!" rief Chick aus und erkannte schnell den Punkt.

„Genau das ist es", erklärte Nick eindrucksvoll. „Kein Rock hing jemals so, wenn er natürlich hing."

"Sicher nicht."

„Beachten Sie auch den Abstand von ihrer Hüfte bis zum Rand des Rocks, wo ihre Füße sein sollten", fügte Nick hinzu. „Ihre Gliedmaßen würden genauso weit über den normalen Proportionen liegen, wie ihr Arm darunter liegt."

"Ich verstehe was du meinst."

„Kurz gesagt, Chick, eine solche Anomalie könnte nicht sein", fuhr Nick entschieden fort. „Eine Person mit ungewöhnlich langen Beinen und unverhältnismäßig kurzen Armen kommt nicht in Frage."

„Und Ihrer Meinung nach –"

„Meiner Meinung nach, Chick, stand die Frau auf etwas, möglicherweise einem Stein, und ihre Röcke waren verlängert, um es zu verbergen. Offensichtlich wurde das Ganze so gemacht, dass sie den Eindruck erweckt, sehr groß zu sein."

„Und mit welchem Gegenstand?"

„Mit der Absicht, die Polizei auf diese Weise für das wahre Aussehen der Frau zu blenden, die mit dieser Gaunerbande zusammenarbeitet."

„Glauben Sie, dass sie die Polizei auf die Suche nach einer sehr großen Frau schicken wollten?"

"Genau."

„Ich wette, du hast recht."

„Darüber hinaus", fügte Nick hinzu, „beweisen diese Entdeckungen schlüssig, dass das Foto absichtlich aufgenommen wurde, wobei mehrere Personen ruhig posierten, um es wirksam zu machen, und dass die beiden Frauen, die angeblich überfallen und ausgeraubt wurden, überhaupt nicht ausgeraubt wurden."

„Und das Design des Fotos?"

„Es wurde absichtlich als Beweismittel zur Bestätigung der der Polizei erzählten Geschichte verwendet."

„Um Verdacht abzuwehren und sie vom rechten Weg abzubringen", fügte Chick hinzu.

"Genau."

„Bei Donnerwetter, das war ein raffinierter Plan!" erklärte Patsy, ziemlich zufrieden mit der Originalität.

„Ja, es war geschickt genug", stimmte Nick zu. „Aber die Schurken haben ihr Pferd überholt, Patsy, indem sie die Schlussfolgerungen, die ich erwähnt habe, nicht vorhergesehen haben. All dies wirft ein neues und sehr helles Licht auf den Fall", fügte der Redner hinzu, während er das Foto auf den Tisch warf.

„Das sollte ich sagen", nickte Chick, setzte sich wieder auf seinen Stuhl und zündete sich eine Zigarre an. „Es deutet darauf hin, dass die beiden Frauen, die behaupten, ausgeraubt worden zu sein, möglicherweise mit dieser Diebesbande im Bunde sind."

„Sogar mehr als das, Chick."

„Was noch, Nick?"

„Es deutet darauf hin, dass Badger selbst einer der Bande sein könnte , wenn nicht sogar die Hauptfigur darin, und dass sich ihr Hauptquartier möglicherweise an seinem abgelegenen Vorstadtort befindet."

„Bei Gott, das mag sein!"

„Lass uns etwas genauer hinschauen, Chick, und sehen, inwieweit einige der anderen Fakten diese Theorie stützen. Als ich am Dienstagmorgen auf dem Weg dorthin war, wurde ich aufgehalten", fuhr Nick fort. „Das könnte nur ein Zufall gewesen sein, da die Betrüger möglicherweise auf ein Opfer gewartet haben , obwohl unter der Oberfläche immer noch die Möglichkeit besteht, dass es noch mehr gibt."

„Mit Sicherheit", antwortete Chick. „Solche Dinge passieren nicht oft zufällig."

„Wir werden das etwas später untersuchen."

"Sicher."

„Nach dem Überfall, Chick, eilte ich zu Badgers Haus und kam dort innerhalb von zehn Minuten nach dem Raub an", fuhr Nick fort.

„Dann muss es sich ziemlich nahe bei ihm ereignet haben."

„Im Umkreis von einer halben Meile."

„Auch das ist bedeutsam."

„In gewissem Maße", stimmte Nick zu. „Ich fand seinen Chauffeur beim Putzen einer Stanley-Maschine in der Einfahrt, wo ich nicht anders konnte, als ihn zu beobachten. Normalerweise würde eine solche Arbeit im Stall oder in der Garage erledigt, und ich neige jetzt zu der Annahme, dass sie nur mit Absicht draußen gemacht wurde, um mich im Falle von Misstrauen glauben zu lassen, dass Badger eine Stanley-Maschine und kein solches Auto benutzt als das, in dem ich die Diebe entkommen sah."

„Wissen Sie, wie viele Maschinen er besitzt?"

„Das tue ich nicht, Chick. Tatsächlich weiß ich sehr wenig über ihn oder seinen Ort."

„Wir legen Wert darauf, zu lernen."

„Mir gefielen weder das Aussehen noch die Miene seines Chauffeurs", fuhr Nick fort. „Er schien meinen Fragen auszuweichen, und ich vermute jetzt, dass dies getan wurde, um Badger Zeit zu geben, aus seiner Rolle als Straßenräuber herauszukommen und in den Hausanzug und die roten Flanellbinden zu schlüpfen, in denen er mich empfing."

„Glauben Sie, dass die ganze Sache nur dazu gedacht war, Sie zu blenden, für den Fall, dass Sie einen Verdacht hegen?"

„Das wäre sicherlich der Plan gewesen, Chick, vorausgesetzt, dass wir überhaupt berechtigt sind, ihn zu verdächtigen."

„Es gibt zu viele dieser wichtigen kleinen Umstände, Nick, als dass wir bezweifeln könnten, dass wir auch nur annähernd das Ziel erreichen", argumentierte Chick klug.

„So sehe ich sie jetzt", sagte Nick. „Nach meinem Gespräch mit Badger, in dem ich sagte, ich solle Madame Victoria anrufen, hat er die Tatsache möglicherweise der Wahrsagerin mitgeteilt. Mir ist aufgefallen, dass er im Flur ein Telefon hatte."

„Das würde ihr Wissen über dich erklären, Nick", sagte Chick. „Aber denken Sie daran, dass Sie verkleidet waren, als Sie sie zum ersten Mal aufsuchten."

„Daran erinnere ich mich, Chick."

„Wie kann sie dich gekannt haben?"

„Vielleicht war Badger durch meinen Besuch beunruhigt", argumentierte Nick, „und er vermutete möglicherweise, dass ich mich verkleiden würde. Sehr wahrscheinlich erwähnte er ein charakteristisches Merkmal meiner Person, das ich normalerweise nicht entfernen würde und anhand dessen Madame Victoria mich möglicherweise identifiziert hat."

„Das könnte der Fall gewesen sein", gab Chick zu.

„Das Wissen, das sie an den Tag legte, deutet zweifellos auf einen solchen Schritt von Badger hin und verstärkt unseren Verdacht", fuhr Nick fort. „Sie hat mich irgendwie gut geprägt, das lässt sich nicht leugnen. Darüber hinaus deutet die Tatsache, dass sie mich ermahnte, das gefährliche Geschäft, das ich übernehmen wollte, aufzugeben, mit der Vorhersage, dass ich nur scheitern würde, eindeutig auf die Möglichkeit hin, dass sie diese Methode nutzten, um mich dazu zu bewegen, den Fall fallen zu lassen.“

"Gee Whiz!" rief Patsy aus. „Das sieht jetzt völlig offen und geschlossen aus, Mr. Carter.“

„Es ist auf jeden Fall bedeutsam.“

„Ich wette, Sie sind mitten in dieser Bande von Straßendieben gelandet. „In diesem Fall, Nick, sollte der Rest unserer Arbeit einfach sein“, bemerkte Chick schnell. „Es sollte für uns ein Kinderspiel sein, sie zusammenzutrommeln.“

Nick schüttelte nachdenklich den Kopf.

„Da bin ich mir nicht so sicher, Chick“, sagte er. „Wir haben bisher keine konkreten Beweise gegen sie und nichts weniger wird uns vor Gericht helfen“, antwortete Nick.

"Das ist richtig."

„Unsere Theorie basiert hauptsächlich auf trivialen Umständen, die, das gebe ich zu, alle bedeutsam genug und zahlreich genug sind, um erheblichen Verdacht zu rechtfertigen. Aber wir müssen weitere positive Beweise sichern, bevor wir entschieden gegen diese Verdächtigen vorgehen können.“

„Ich denke, das stimmt, Nick.“

„Wenn wir die Gauner wirklich ausfindig gemacht haben, sollten wir die Beweise leicht bekommen“, erklärte Patsy.

Nick Carter lachte erneut und blickte in die eifrigen Augen des jungen Detektivs.

„Dieses eine Wort ist wirklich sehr wichtig, Patsy“, sagte er. „Es ist kaum möglich, dass wir uns zumindest teilweise, wenn nicht sogar völlig, irren. Indizienbeweise sind nie völlig vertrauenswürdig.“

„Ich wette, Sie haben in all dem recht, Sir“, beharrte Patsy, im festen Glauben an Nicks Schlauheit.

„Ich werde zunächst sicherstellen, dass ich es bin“, sagte Nick, „indem ich einen Schritt unternehme, um meine Theorie zu bestätigen.“ Was die Sicherung der Beweise für die Verurteilung dieser Schurken angeht, Patsy, das ist vielleicht nicht so einfach, wie du denkst. Wenn sie misstrauisch werden und befürchten, dass wir sie verdächtigen, könnten sie nicht nur das Geschäft eine Zeit lang ganz aufgeben, sondern auch ihre bisherigen Spuren so geschickt verwischen, dass sie die von uns benötigten Beweise verheimlichen.“

„Daran hatte ich nicht gedacht, Sir.“

„Das ist zu wahr für einen Witz, Nick, und wir können am Anfang nicht vorsichtig genug und schlau sein“, warf Chick ernst ein, der den Fall nun genauso klar beurteilte wie Nick selbst. „Was hast du vor?“

„Ich persönlich, Chick, gehe heute Morgen zur State Street und schaue, was ich über Badger erfahren kann. Dann gehe ich zum Polizeipräsidium und gebe diese Dokumente an Chief Weston zurück. Er hat sie mir geliehen, damit ich erfahren kann, welchen Ermittlungslinien seine Männer gefolgt sind.“

„Scheinen sie etwas erreicht zu haben?“

„Nichts weiter, als die Fakten der verschiedenen Raubüberfälle im Detail zu notieren“, lächelte Nick. „Keiner von ihnen hat einen rationalen Hinweis gefunden.“

„Möchten Sie, dass wir etwas tun, während Sie so verlobt sind?“

"Ja. „Ich möchte, dass du und Patsy nach Brookline gehen und sehen, was es bei Badger zu entdecken gibt“, antwortete Nick. „Ich möchte jedoch nicht, dass du dort gesehen wirst.“

"Hm! Lassen Sie uns in Ruhe sein, diskret zu sein.“

„Sein Anwesen ist von einem ziemlich ausgedehnten Waldgebiet umgeben, durch das man sich leicht erreichen kann, nachdem man den Ort ausfindig gemacht hat.“

„Das wird ein Vorteil sein.“

„Nehmen Sie sich die Zeit, die Sie benötigen“, fügte Nick hinzu, „und erfahren Sie, wie viele Männer im und um das Haus und den Stall beschäftigt sind.“ Erfahren Sie auch, wie viele Autos und Pferde er besitzt. Mehrere dieser Überfälle wurden von Reitern begangen, und ich möchte erfahren, was Badger in beiden Linien besitzt.“

„Autos und Pferde?“

"Genau."

„Wir werden die ganze Sache aufspüren, Mr. Carter, vertrauen Sie uns da“, rief Patsy, ungeduldig auf die Arbeit.

„In der Zwischenzeit“, sagte Nick und stand auf, „werde ich mich wie angegeben beschäftigen. Mittlerweile ist es halb elf. Möglicherweise benötigen Sie drei oder vier Stunden, um zu erfahren, was ich wissen möchte. Deshalb planen wir, uns etwa eine oder zwei Stunden vor dem Abendessen, etwa um vier Uhr, hier wieder zu treffen.“

„Das wird uns genügend Zeit geben“, erklärte Chick. „Wir werden pünktlich um vier hier sein.“

„Hier wirst du mich finden“, sagte Nick, ohne daran zu denken, dass irgendetwas passieren würde, was ihn daran hindern könnte.

Die drei verließen gemeinsam das Haus und trennten sich an der Tür zur Washington Street. Sowohl Chick als auch Patsy machten sich auf den Weg zur U-Bahn, um einen Straßenbahnwagen der Brookline zu nehmen. Sie träumten jedoch nicht einmal davon, dass viele bange Stunden vergehen würden, bis sie Nicks vertrautes Gesicht wieder sahen oder seine freundliche Stimme hörten.

KAPITEL X.
DER ANKER NACH LUV.

Wie er seinen Assistenten erklärt hatte, bevor er an diesem Morgen das Adams House verließ, eilte Nick Carter zur State Street hinunter, um zu sehen, was er über Amos Badger in Erfahrung bringen konnte.

Aufgrund seiner umfassenden Bekanntschaft und seiner freundschaftlichen Beziehungen zu den Bankiers und Maklern sowohl in New York als auch in Boston war es für Nick ein Leichtes, die Tatsachen herauszufinden, die er herausfinden wollte, ohne seine Motive preiszugeben.

Aus absolut zuverlässigen Quellen erfuhr er, dass Badger, der keinen Geschäftspartner hatte, eine große Long-Position in Aktien auf dem Markt hatte, einem Markt, der seit Monaten stetig rückläufig war; Außerdem sei sein Darlehenskonto für diese Art von Sicherheiten wiederholt Forderungen nach zusätzlichen Margen ausgesetzt gewesen, die bekanntermaßen nur mit erheblichen Schwierigkeiten und Verzögerungen erfüllt worden seien.

Kurz gesagt, Nick fand leicht heraus, dass Badger monatelang in finanzieller Not steckte, es ihm aber dennoch gelungen war, auf dem Laufenden zu bleiben.

Nick glaubte nun zu erraten, mit welchen verzweifelten Mitteln dieser Mann die nötigen Mittel aufbrachte, um seinen täglich wachsenden Verpflichtungen nachzukommen.

Nebenbei erfuhr Nick jedoch auch andere Tatsachen, nach denen er nicht besonders suchte, die aber die Theorie, die er so klug aufgestellt hatte, weiter bestätigten.

Diese Tatsachen betrafen Badgers Frau und ihre Schwester, die Wahrsagerin aus der Tremont Street, und wurden Nick etwas böswillig von einem Makler mitgeteilt, der auf die eine oder andere Weise unter Madame Victoria gelitten hatte und über die Geschichte der beiden informiert war Frauen.

Kurz gesagt, so hieß es bei Nick, beide seien in England geboren, die Töchter eines zweitklassigen Schauspielers und Managers verschiedener umherziehender Vergnügungsunternehmen, bei denen er in keinem Fall großen Erfolg gehabt habe.

Die beiden Mädchen hatten jedoch auf die eine oder andere Weise ein wenig Talent, und beide hatten ihre früheren Jahre im Showgeschäft verbracht und Positionen besetzt, die für die verschiedenen

Unternehmungen ihres Vaters, der inzwischen verstorben war, erforderlich waren.

Mal als angebliche Zigeuner-Wahrsagerin, mal als Handlesekünstler, mal als Astrologe oder als eine ähnliche Attraktion unter einem anderen Namen, aber immer als Nebenschau zu einem anderen Vergnügen hatte der jüngere der beiden jene Erfahrung gemacht, die Nach der Heirat ihrer Schwester und ihrer Ankunft in Amerika hatte es ihr ermöglicht, in Boston das Unternehmen zu gründen, das jetzt unter dem Namen Madame Victoria geführt wurde.

Die ältere der beiden, jetzt Badgers Frau, hatte auf der Bühne gesungen, war in Konzertsälen aufgetreten und war in früheren Jahren eine versierte Reiterin in der Manege des Zirkus gewesen, seit Badger sie in Manchester geheiratet hatte , etwa fünf Jahre zuvor.

Dass beide Frauen kaum mehr als Abenteurerinnen einer eher verrufenen Sorte waren, versicherte ihm Nicks Informant, was seine Theorie weiter bestätigte und ihn davon überzeugte, dass er auf dem richtigen Weg war.

Es war früher Nachmittag, als er im Polizeipräsidium am Pemberton Square ankam und das zuvor beschriebene Hauptbüro betrat.

Zufällig war Chief Weston zu dieser Zeit in diesem Büro, obwohl alle Detectives, die damals nicht für Außenarbeiten eingesetzt wurden, entweder beim Mittagessen oder im Aufenthaltsraum der Beamten waren.

Da Satan manchmal den Seinen dient, geschah es auch, dass der einzige andere Bewohner des Hauptbüros der Angestellte war, dem Nick dort einige Tage zuvor begegnet war – Mr. Sandy Hyde.

Der ziegelfarbene Kopf des letzteren hob sich über seinen Büchern, als er den Namen des Detektivs zur Begrüßung hörte, und seine katzenartigen Augen leuchteten vor gesteigertem Interesse.

„Ah, guten Morgen, Nick!" war die Begrüßung von Chief Weston. „Irgendetwas zu tun?"

„Ich möchte diese Berichte zurückgeben, Chef, die ich Ihnen vor ein paar Tagen abgenommen habe", antwortete Nick und holte sie aus seiner Tasche hervor.

„Keine weitere Verwendung für sie?"

„Derzeit nicht."

"Sehr gut."

„Dieses Foto werde ich jedoch behalten, damit ich es später vielleicht noch nutzen kann."

„Darauf haben Sie keinen Hinweis gefunden, oder?"

„Nun, ich bin nicht bereit, es zu sagen", entgegnete Nick etwas ausweichend.

„Komm rein", sagte Chief Weston abrupt, als er Nicks Zögern schnell bemerkte. „Wir werden in meinem Büro nicht gestört. Denken Sie daran, Sandy."

„In Ordnung, Chef."

„Hier entlang, Nick."

Nick betrat die Umzäunung und ging durch den Gang, der zum Privatbüro des Chefs führte.

Allerdings warf er keinen einzigen Blick auf den Angestellten, dessen Kopf wieder über seine Bücher gesunken war.

Schnapp!

Das Schloss verkündete, dass die Tür des Privatbüros sicher geschlossen war.

Jetzt ließ Mr. Sandy Hyde seinen Stift fallen und stieg von seinem Stuhl herunter.

Einen Moment lang spähte er scharf durch das Messinggitter oben auf den Schreibtischen auf die beiden offenen Türen, die in die angrenzenden Korridore führten.

Als nächstes stürzte er aus dem Gehege und schloss schnell beide Türen.

Keine Katzenaugen, die aus einer dunklen Ecke leuchteten, leuchteten jemals grünlich heller und intensiver als die dieses wachsamen Schurken in diesem Moment.

Es war ein Moment der Gefahr für ihn, und das wusste er wohl; Doch im Falle eines Einbruchs in das Vorzimmer verließ er sich darauf, zu hören, wie sich eine der geschlossenen Türen rechtzeitig öffnete, um nicht entdeckt zu werden.

Nachdem er beide geschlossen hatte, eilte er zurück in die Umzäunung, von der aus man das Innere des schmalen Durchgangs nur teilweise sehen konnte.

In diesen Gang trat Hyde schnell ein, mit der heimlichen Stille eines Schattens, und stand lauschend an der Tür des Häuptlings, sein Ohr berührte die Tafel, seine Augen leuchteten immer noch mit einem satanischen Glanz, der seinen bösen Impuls verriet.

Seine verschiedenen Vorsichtsmaßnahmen hatten außerdem nur sehr wenige Sekunden in Anspruch genommen, und er verlor kaum ein Wort von Nick Carters kurzem Interview mit Chief Weston, der gerade dabei war, seine Frage zu wiederholen, als der Lauscher an der Tür ankam.

„Dir ist auf diesem Foto nichts aufgefallen, Nick, oder?“

Nick war nie besonders geneigt, seine Entdeckungen preiszugeben, bevor sie zu einem entscheidenden Schritt führten, und er wich der Frage erneut aus, indem er sagte:

„Nun, da bin ich mir nicht ganz sicher, Weston.“

„Was vermuten Sie?“

„Noch ist überhaupt nichts Bestimmtes“, lachte Nick gleichgültig. „Ich möchte das Foto jedoch gerne noch eine Weile aufbewahren, wenn Sie keine Einwände haben.“

„Überhaupt nichts, Nick, aber du weckt meine Neugier.“

„Das erkläre ich später.“

"Sehr gut."

„Ich gehe davon aus, dass Madame Victoria mir leicht die genaue Stelle zeigen könnte, an der dieser Überfall stattgefunden hat“, bemerkte Nick, der neben dem Schreibtisch des Chefs stehen geblieben war .

„Das kann ich mir vorstellen, Nick.“

„Ich werde mich von ihr da rausbringen lassen.“

"Für welchen Zweck?"

„Ich möchte sehen, was für einen Ort diese Gauner normalerweise für ihre schurkische Arbeit wählen.“

„Ich würde sagen, dass du das bereits gesehen hast“, lachte Weston, der über Nicks Begegnung mit ihnen informiert war.

Nick zuckte mit den breiten Schultern, lächelte vielsagend und sagte:

„Ich möchte sehen, wie die beiden Orte zusammenpassen. Was mein verlorenes Eigentum angeht, Weston, ich wette, dass ich es früher oder später wiederbekomme.“

Das Letzte wurde etwas verärgert und mit einer Bedeutung gesagt, die Westons Gesicht schnell veränderte.

„Du hast eine Ahnung, Nick!“ rief er plötzlich aus.

Nick lachte erneut.

"Was ist es?"

„Ich informiere dich lieber etwas später, Weston.“

„Natürlich ganz nach Ihrem Geschmack, aber ich bin wirklich gespannt, was Sie gelernt haben.“

„Ich bin mir dessen noch nicht ganz sicher, Chef, und ich würde es lieber sicherstellen, bevor ich irgendwelche Enthüllungen ergebe“, sagte Nick kopfschüttelnd. „Es ist nicht meine Art, Offenlegungen zu machen, die sich später als unbegründet erweisen könnten.“

„Dessen bin ich mir durchaus bewusst, Nick.“

„Wenn es Sie jedoch zufriedenstellt, werde ich eine eindeutige Aussage machen.“

"Was ist das?"

„Nur das, Weston“, erklärte Nick energisch. „Ich werde diese Gauner für dich landen, jeden Mann und jede Frau von ihnen, oder ich gebe meinen Auftrag auf.“

Das Ohr am Panel war in diesem Moment angespannt und das Leuchten in den Augen des Zuhörers wurde zu einer bedrohlichen Flamme.

„Na ja, das sollte für jeden genügen“, rief Weston mit großer Befriedigung. „Ich war mir sicher, dass Sie auf etwas Wissenswertes gestoßen sind.“

Nick nickte bedeutsam, antwortete jedoch ganz gleichgültig:

„Das glaube ich, Weston, und wenn ich ganz sicher bin, werde ich dir sagen, woraus es besteht.“

„Alles klar, Nick“, war die Antwort mit einem freundlichen Lachen. „Ich habe am Anfang gesagt, dass Sie in diesem Fall nicht gestört werden sollten, und das gilt in jedem Stadium. Mach es auf deine Art, Nick, und du wirst zu mir passen.“

„Ich bin nur ein bisschen neugierig, zum Tatort dieses Raubüberfalls zu gehen", fügte Nick nun mit einem Blick auf das Foto hinzu, das er gerade in seine Tasche steckte. „Wenn ich Madame Victoria nach dem Mittagessen in ihren Zimmern erwische, denke ich, dass ich sie dazu bringen kann, mit mir rauszureiten."

„Kein Zweifel, Nick. Sie wird gerne alles tun, was die Wiedererlangung ihres Eigentums verspricht."

Nick lächelte etwas seltsam und bereitete sich auf den Abschied vor.

„Ich werde gegen zwei Uhr bei ihr vorbeischauen", sagte Nick. „Ich denke, ich kann sie zu meiner Denkweise bringen."

„Wann werde ich dich wiedersehen?" fragte Weston und erhob sich.

„Innerhalb von ein oder zwei Tagen."

„Ich wünsche dir in der Zwischenzeit viel Glück."

Nick lachte, schüttelte den Kopf und sagte mit beträchtlicher Trockenheit:

„Ich verlasse mich weniger auf Glück, Weston, als auf Arbeit und Kopfarbeit. Wenn ich mit meinem Verstand nichts aus diesem Fall herausbekomme, habe ich kein Vertrauen, dass das Glück es für mich tun wird. Wie ich bereits sagte, Weston, wir sehen uns in ein oder zwei Tagen."

Das lauschende Ohr hatte die Türverkleidung verlassen.

Der katzenartige Schritt war schnell durch den Gang und aus dem Gehege getappt, und wieder standen die Korridortüren offen.

Während des kurzen Interviews hatte es keinen Eindringling gegeben, und in den Augen von Mr. Sandy Hyde war ein Ausdruck bösen Jubels entstanden.

Wie Amos Badger eines Morgens seinen Verbündeten erklärt hatte, war es tatsächlich ein Riesenglück, dass sie diesen Anker auf der Luvseite hatten.

Denn es war dieser Schurke, der Badger über die Ankunft von Nick Carter in Boston und darüber informiert hatte, dass er diesen Fall akzeptierte.

Es war dieser Schurke, der Badger noch am selben Morgen über Nicks geplanten Besuch informiert hatte und der den Überfall ermöglicht hatte, der Nick so wie ein Zufall vorgekommen war.

Es war auch dieser Schurke, dessen Verrat Nick Carter nun das Leben kosten würde, obwohl dieser bei all seiner Scharfsinnigkeit keineswegs Verdacht schöpfte.

Denn wer sucht nach Verrat in hohen Positionen oder bei denen, von denen am natürlichsten nur Loyalität erwartet wird?

Die Katzenaugen hatten ihren grünlichen Glanz verloren und der ziegelfarbene Kopf war wieder über die Bücher gebeugt, als Nick und Häuptling Weston durch den Gang und aus dem Gehege schritten.

Nick zögerte seine Abreise nicht länger hinaus und ohne ein Wort an den Angestellten kehrte Chief Weston in sein Privatbüro zurück.

Es war dann ein Uhr.

Fünf Minuten später kam der Chefschreiber vom Mittagessen zurück, und Sandy Hyde legte sofort seinen Stift nieder und begann, seinen Straßenmantel anzuziehen.

Die nächste Stunde gehörte ihm – und er glaubte zu wissen, wie er sie am besten nutzen konnte.

KAPITEL XI.
Der Anreiz zum Verrat.

Zehn Minuten nachdem er das Polizeipräsidium verlassen hatte, konnte man Sandy Hyde gesehen haben, wie er durch das Tremont Street-Einkaufszentrum von Boston Common schlich.

Doch nur ein genauer Beobachter hätte den heimtückischen kleinen Racker erkannt.

Er hatte den Mantelkragen bis über die Ohren hochgeschlagen, den weichen Filzhut über die Stirn gezogen und mit dem Taschentuch vor dem Gesicht war sein schlaues Gesicht größtenteils verborgen.

Bald darauf glitt er über die Straße und stürmte dann eilig in den Korridor eines der Gebäude – das, in dem sich die Räume der Wahrsagerin und langjährigen Abenteurerin befanden.

Hyde stieg schnell die Treppe hinauf und betrat kurzerhand ihre Räume.

Er fand Vic Clayton, unter dem Namen, unter dem er sie am besten kannte, allein im Empfangssalon sitzend, während das dort beschäftigte Dienstmädchen gerade zum Mittagessen ausgegangen war.

„Warum, hallo, Sandy!" „„ schrie sie und sprang von ihrem Stuhl auf, als er eintrat.

Als er eifrig auf sie zukam, um beide Hände zu ergreifen, zog sie ihn in ihre Arme und küsste ihn, wie es nur Liebende tun.

"Ausbrechen!" er protestierte jedoch schnell.

„Na ja, was ist das?"

„So sehr es mir auch gefällt, Vic, dafür ist keine Zeit."

Die Augen der Frau bekamen einen erschrockenen Ausdruck.

"Keine Zeit!" wiederholte sie und blickte ihn scharf an.

„Ich sollte nein sagen. Es gibt den Teufel zu bezahlen."

"Wie meinst du das?"

„Oder schlimmer als der Teufel – das ist Nick Carter!"

„Was ist mit ihm?"

„Er kommt wieder hierher."

"Wofür?"

Der letzte kam mit bösartiger Schärfe über die Lippen der überraschten Frau.

Die Farbe war aus ihren Wangen verschwunden. Das Licht der sinnlichen Zuneigung, dessen Gewährung diesen Mann in einen Schurken verwandelt hatte, einen Verräter seines Vertrauens im Polizeipräsidium, und ihn zu ihrem Betrüger und Werkzeug gemacht hatte – dieses Licht der Leidenschaft war plötzlich aus ihren Augen gestorben, verdrängt durch das Rachsüchtige Feuer, mit dem sie sich zuletzt von dem Mann getrennt hatte, den er gerade erwähnt hatte.

Vic huschte zur Tür, drehte hastig den Schlüssel um, dann sauste er herum, so schnell und geschmeidig wie ein Panther in ihren Bewegungen, und packte Hyde an der Schulter.

„Er kommt jetzt nicht hierher, nicht sofort, oder?" forderte sie in schnellem Flüstern.

„Glaubst du, dass ich in diesem Fall verrückt bin, hier zu sein?" knurrte Sandy.

"Noch--"

„Nein, nein; „Es ist noch genug Zeit, Vic", unterbrach er. „Er kommt erst um zwei Uhr."

"Wofür?"

„Um Sie zu bitten, mit ihm zum Tatort des vorgetäuschten Überfalls zu gehen."

„Das mit dem Foto?" keuchte Vic, die Hände an ihre Brust gedrückt und ihr weißes Gesicht mit zunehmender Besorgnis verzerrt.

"Das ist was er gesagt hat."

„Hat er auf dem Bild etwas Seltsames entdeckt?"

„Das glaube ich, Vic."

„Wissen Sie, was er vermutet?"

„Er hat es nicht gesagt", antwortete Hyde. „Weston fragte ihn, aber Carter sagte nur, dass er das Foto eine Zeit lang behalten würde."

„Weißt du wofür?"

"Ich tu nicht."

„Wurden Namen erwähnt?"

"Nur dein."

„So wie Sie es gesagt haben?“

"Ja."

„Noch etwas?“

„Eine Sache – und eine sehr bedeutsame!“ knurrte Hyde mit einem Nicken.

"Was war das?"

„Er fügte hinzu, dass er unsere Bande, jeden Mann und jede Frau von uns, landen oder seinen Job aufgeben würde.“

„Er hat das gesagt, oder?“

"Das ist, was."

„Der höllische Einmischer!“

„Er hat einen Hinweis gefunden, das ist absolut sicher!“ erklärte der Spion. „Es ist ein Zustand, der bedeutet, dass wir ihn kriegen müssen, Vic, sonst kriegt er uns.“

„Oh, wir kriegen ihn schon!“ Vic Clayton weinte jetzt mit einem giftigen Hohnlächeln. „Wenn er dafür kommt, lassen Sie mich wegen dem, was Sie sagen, in Ruhe, ihn zu holen!“

Obwohl ihre Flut von Fragen mit leidenschaftlicher Ungeduld gestellt worden war, wirkte sie jetzt ruhiger , aber nicht weniger bösartig entschlossen.

Mit einem verführerischen Lächeln sagte sie nun herzlich:

„Du bist in Ordnung, Sandy. Ich werde diesen kleinen Dienst nicht vergessen, und Sie werden Ihre Belohnung erhalten, wenn –“

„Ich werde meins bekommen, in Ordnung, Vic, wenn der Chef jemals erfährt, welches Spiel ich spiele“, unterbrach Hyde mit einer Mischung aus Lachen und Grimasse.

„Er wird nie davon erfahren.“

„Wenn er es tut, Vic, kann ich mir vorstellen, dass ich den dritten Grad auf eine Art und Weise durchlaufen werde, bei der sehr wenig von mir übrig bleibt.“

„Bosh!“

„Ich gehe große Risiken ein, wenn ich das für dich tue, und für –"

„Bekommst du dafür keine Belohnung, Sandy?"

Der Arm der Frau hatte sich um seinen Hals gelegt, während ihr Atem bei der Unterbrechung warm auf seine Wange fiel . Sie zog ihn näher an sich heran, bis ihre Lippen seine trafen, dann ließ sie ihn hastig los und sagte schnell:

„Geh jetzt, Sandy, und überlasse den Rest mir."

„Können Sie sich um die Sache kümmern?" er verweilte, um ängstlich nachzufragen.

„Wetten, dass ich damit klarkomme!"

"Was werden Sie tun?"

„Das überlassen Sie mir, sage ich."

„Du darfst keine Zeit verlieren, Vic."

„Wird mit solchen Gesprächen nicht Zeit verschwendet?" Vic kam ungeduldig zurück. „Geh sofort, wiederhole ich, und überlasse den Rest mir."

Hyde machte sich auf den Weg zur Tür, doch die Frau huschte erneut über seinen Weg und packte ihn am Arm.

„Halten Sie einen Moment inne!" sie weinte leise.

"Also?"

Die Frage kam mit einem erschrockenen Keuchen, als Hyde, von Natur aus ein nervöser und feiger Köter, instinktiv vor dem Ausdruck zurückschreckte, der sich nun auf Vic Claytons Gesicht zeigte.

Denn in ihren weit geöffneten Augen, in ihren totenweißen Gesichtszügen, in der bösartigen Festigkeit ihrer gezogenen, grauen Lippen lag Mord.

„Da ist noch etwas mehr!" sie zischte mit unterdrückter Wildheit. „Waren Sie im Hauptquartier ständig wachsam?"

"Habe ich? „Das ist eine fette Frage, die Sie mir stellen", sagte Hyde. „Das solltest du wissen."

„ Das tue ich – das tue ich, Sandy, Liebes!" rief Vic hastig und in überzeugendem Ton aus. „Aber da ist noch etwas. Ist Nick Carter in diesem Fall allein?"

"Ja."

„Bist du dir da sicher – todsicher?" fragte Vic mit einer Stimme und einem Gesichtsausdruck, die deutlich den mörderischen Plan verrieten, der diese Vorsichtsfrage inspirierte.

„ Sicherlich bin ich mir sicher."

„Es wird uns nichts nützen, ihn zu Fall zu bringen, wohlgemerkt, wenn andere, die mit ihm zusammenarbeiten, aus seiner Asche auferstehen und uns mit den gleichen Beweisen beschämen, die er möglicherweise besitzt."

„Es gibt keine anderen", protestierte Hyde selbstbewusst. „Wenn es so wäre, Vic, hätte ich es dir gesagt."

„Vorausgesetzt, Sie wussten es."

„Oh, das hätte ich gewusst", erklärte Sandy. „Ich verlasse das Büro nie, außer zum Essen und Schlafen, und ich wäre zu diesem Zeitpunkt klug gewesen, wenn Carter einen seiner Assistenten aus New York mitgebracht hätte."

„Haben Sie gehört, dass nichts davon erwähnt wurde?"

"Nicht eins."

„Das zeigt mir also den Weg – den einzigen Weg", murmelte die Frau und starrte einen Moment auf den Boden. „Wenn er oder wir es sein müssen – wir dürfen es nicht sein!"

„Carter war nur zweimal im Büro des Chefs, beide Male allein", fügte Hyde beruhigend hinzu . „Sie können getrost darauf wetten, Vic, dass er mit dem Fall immer noch allein ist."

Wieder leuchtete ihr rachsüchtiges Gesicht für einen Moment auf, dann legte sie ihren Arm um den Hals des Spions und küsste ihn.

„Geh jetzt, Sandy, und überlasse den Rest mir", wiederholte sie. „Aber kommen Sie heute Abend nach Einbruch der Dunkelheit zu Badger."

„Heute Abend, Vic?"

"Ja."

„Soll ich dich dort finden?" fragte Hyde mit wehmütigem Blick.

„Ja, dort wirst du mich finden – und noch einen bei mir!"

„Nicht Nick Carter?"

Die Brauen der Frau zogen sich erneut zusammen und ihre Augen leuchteten giftig.

„Nick Carter – ja!" sie kam mit unterdrückter Wildheit zurück. „Nick Carter – oder was von ihm übrig ist!"

KAPITEL XII.
DER WEG NACH KANTON.

Es war genau zwei Uhr, als Nick Carter in Vic Claytons Zimmern in der Tremont Street ankam.

Natürlich träumte Nick nicht im Traum davon, dass sie über seine Pläne gegen sie informiert worden war. Dass es im Polizeipräsidium Verrat gab, lag für ihn am weitesten entfernt.

Als Nick Vic Clayton bat, ihn zu dem Ort zu bringen, an dem sie und Claudia Badger angeblich ausgeraubt worden waren, hatte er mehrere Motive.

Zunächst wollte er sehen, ob sie bereitwillig dazu bereit wäre.

Nick argumentierte, dass, falls sie bereitwillig zustimmte, dies auf die bloße Möglichkeit hindeutete, dass er die merkwürdigen Merkmale, die er auf dem Foto entdeckt hatte, irgendwie falsch interpretiert hatte und dass das Bild in seiner Bedeutung möglicherweise nicht so belastend war, wie er vermutet hatte .

Obwohl auch nur dieser entfernte Zweifel bestand, hatte Nick das Gefühl, dass er in diesem Fall keine sehr aggressiven Maßnahmen ergreifen konnte, und wählte diese Methode, um den Zweifel auszuräumen.

Tatsächlich glaubte er kaum, dass Vic dieser Bitte nachkommen würde, sondern würde ihr mit einer plausiblen Ausrede ausweichen.

Vorausgesetzt, sie gehorchte und ging mit ihm, glaubte Nick jedoch, dass er sie, während er mit ihr allein in einer Kutsche war, so mit Fragen in die Enge treiben konnte, dass er ihr schließlich ein Geständnis in der ganzen Angelegenheit abzwingen konnte.

Auf jeden Fall war er sich darüber hinaus sicher, dass er diese Schritte so geschickt unternehmen konnte, dass er auf keinen Fall einen seiner gegenwärtigen Vorteile opfern würde.

Er fand Vic Clayton allein im hübsch eingerichteten Wartezimmer, wo er an einem offenen Schreibtisch in einer Ecke schrieb.

Seit Sandy Hydes Weggang hatte sie ihr Haar neu geordnet und ihre Wangen mit Rouge geschminkt, und sie sah sowohl in der Tat als auch in der Absicht bemerkenswert gutaussehend und attraktiv aus.

"Liebe mich!" rief sie und ließ schnell ihren Stift fallen, als sie Nick eintreten sah. „Sind Sie es, Detective Carter?"

„Niemand sonst", verneigte sich Nick lächelnd.

"Ich bin entzückt!" rief Vic und erhob sich, um ihr die Hand anzubieten. „Ich hoffe sehr, dass Sie ermutigende Neuigkeiten mitbringen, oder möglicherweise meine verlorenen Juwelen selbst – auch wenn ich Ihnen nur einen Misserfolg vorhergesagt habe."

Das letzte wurde mit einem faszinierenden Lachen ergänzt, in das Nick bereitwillig einstimmte, obwohl er in ihren verführerischen Augen und ihrem verführerischen Auftreten nichts Einladendes fand.

„Nun, kaum etwas ist so günstig, Madame Victoria", begann er.

„Nein, nein, verzeihen Sie!" unterbrach sie ihn und tippte ihm spielerisch auf den Arm. „Sie rufen doch sicher nicht noch einmal an, um mich beruflich zu konsultieren?"

"Nein, ich weiß nicht."

„Dann lassen Sie die Madame Victoria fallen, mein lieber Mr. Carter, die viel zu angespannt für freundschaftlichen Verkehr ist", rief sie leise und warf ihm einen schelmischen Blick zu. „Lassen Sie mich für Sie schlichte Miss Clayton sein – oder sogar schlichte Victoria, also sei es, was Ihnen noch besser steht."

Während er hinschaute und zuhörte, verspürte Nick ein unbestimmtes Gefühl des Misstrauens, aber da er nicht wusste, was hier offenbart wurde, konnte er keinen eindeutigen Grund für dieses Gefühl finden. Doch instinktiv, wie man manchmal vor noch fernen und visionären Gefahren fürchtet, gefielen ihm weder die scherzhaften Bemerkungen dieser Frau noch ihre spielerischen Versuche, ihn zu fesseln.

Nick lachte dennoch erneut und erwiderte freundlich:

„Wie ich Ihnen neulich gesagt habe, Miss Clayton, ist es mir egal, wie ich Sie nenne, vorausgesetzt, Sie sind damit einverstanden, meinen Wünschen nachzukommen."

"Deine Wünsche?"

"Ja."

"Liebe mich! Ich glaube wirklich, dass es mir Spaß machen würde, sie zu meinen eigenen zu machen, Detective Carter", murmelte Vic, wobei sie hübsch den Kopf neigte und mit den Schultern zuckte.

„Das vertraue ich."

„Nehmen Sie einen Stuhl."

"Danke."

„Was wollen Sie dieses Mal von mir, Detective Carter?"

Sie hatte in der Nähe Platz genommen und lächelte ihn immer noch schelmisch an, und Nick antwortete ernster:

„Ich möchte, dass du mir einen kleinen Dienst erweist."

„Man muss es nur benennen."

„Ich finde, dass du bereit bist", lächelte Nick etwas verwirrt.

„Das Vergnügen liegt ganz bei mir", lachte Vic. „Aber ich bin wirklich neugierig, was du von mir willst."

"Ich werde Ihnen sagen. Auf welcher Straße wurden Sie und Mrs. Badger von diesen schurkischen Straßenräubern aufgehalten, Miss Clayton?"

„Der Weg nach Kanton."

„Kennen Sie sich damit aus?"

„Ich kenne diesen Teil davon", rief Vic mit einem sehr bedeutungsvollen Lächeln und einer Grimasse. "Liebe mich! Ich werde es nie vergessen!"

„Ganz deutlich in Ihr Gedächtnis eingeprägt, nicht wahr?"

„Mit Sicherheit, Detective Carter?"

„Ich nehme an, Sie könnten den genauen Ort ausfindig machen, wenn es eine Gelegenheit gäbe?"

„Das könnte ich tatsächlich. Ich weiß genau, wo es ist."

„Ah, das ist ein großes Glück", sagte Nick zustimmend. „Ich möchte da rausgehen und mir den Ort ansehen."

"Wofür?"

„Ich denke, ich könnte einen Hinweis oder ein Zeichen entdecken, Miss Clayton, entweder im allgemeinen Erscheinungsbild des unmittelbaren Tatorts oder in der Umgebung, das mich auf die Spur der Diebe bringen könnte", entgegnete Nick kunstvoll, obwohl er jetzt das Gefühl hatte, dass selbst das lahm war Die Erklärung konnte seinem Zweck dienen. „Natürlich", fügte er lächelnd hinzu, „sehen wir Ermittler in solchen Fällen viel mehr als die ungeübten Augen eines Laien."

"Natürlich."

„Sie verstehen den Punkt, nicht wahr?"

„Oh ja", nickte Vic und starrte ihn zurückhaltend an.

"Was denkst du darüber?"

„Ich gebe zu, da könnte etwas drin sein."

„Das dachte ich mir", antwortete Nick herzlich. „Jetzt geht es darum, wieder den Dienst zu leisten, den ich von Ihnen verlange. Wirst du mit mir da rausgehen und mir die Stelle zeigen?"

Vic brach in Gelächter aus, als wäre er sehr amüsiert.

„Ist das alles, was du von mir willst?" Sie weinte.

„Das ist alles erst jetzt", sagte Nick etwas trocken.

„Aber natürlich, Detective Carter, ich werde mit Ihnen gehen", rief Vic, als ob eine Ablehnung das Letzte wäre, was zu erwarten wäre, oder irgendein Anlass dafür. „Wie sollen wir gehen? Zum Laufen ist es viel zu weit."

„Oh, ich würde nicht auf die Idee kommen, dich zu bitten, zu Fuß zu gehen", lachte Nick und hatte irgendwie wieder das Gefühl, dass er sich auf verdammt dünnem Eis befand, wofür er keine Erklärung hatte.

„Das hoffe ich nicht, mein lieber Mr. Carter."

„Ich werde eine Kutsche bereitstellen."

„Wann möchten Sie gehen?"

„Je früher, desto besser, Miss Clayton. „Sofort wird mir am besten passen."

Jetzt zügelte Vic ein wenig, immer nur schlau, und ihr lächelndes Gesicht nahm einen Ausdruck des Bedauerns an.

"Liebe mich! „Das macht es ein bisschen schlimm", sagte sie, als würde sie die Situation abwägen. „Ich hatte bereits geplant, zu … zu bleiben! Hier ist eine Notiz, um zu bestätigen, dass ich mich entschuldige, Detective Carter, nachdem ich Ihnen so großzügig angeboten habe, Ihnen zu dienen."

Während sie sprach, griff sie zum Schreibtisch und nahm die Notiz, die sie gerade geschrieben hatte, heraus, die sie nun Nick zum Lesen reichte.

Es handelte sich lediglich um eine Nachricht an ihre Zofe, in der ihr mitgeteilt wurde, dass sie für ein paar Stunden abwesend sein würde und dass das Mädchen die Zimmer schließen und bis morgen einen Ausflug machen könnte.

„Ich hatte bereits vorgehabt, einen Ausritt zu machen, und wollte gerade diese Nachricht für Delia, meine Zofe, hinterlassen", erklärte sie, während Nick einen Blick auf das geschickt vorbereitete Schreiben warf.

„Nun, das stört, Miss Clayton, wie Sie sagen", antwortete er und musterte sie ein wenig scharf, konnte jedoch kein Anzeichen von Doppelzüngigkeit entdecken, so kunstvoll war die Jade. „Wenn Sie jedoch heute nicht mit mir gehen können, dann vielleicht morgen –"

„Halten Sie einen Moment inne!" rief Vic aus, als wäre ihm ein zweiter Gedanke gekommen. „Ich war nur mit Amos und seiner Frau unterwegs, nur für ein oder zwei Stunden, und – Horch! Das sollten sie sein!"

Von der Straße unten war das Hupen einer Autohupe zu hören, und während er sprach, sprang Vic auf und rannte los, um aus dem Fenster zu schauen.

„Ja, sie sind am Straßenrand", fügte sie mit offensichtlicher Zufriedenheit hinzu. „Amos kommt hierher. Wenn er nun keine konkreten Pläne hat, Mr. Carter, sehe ich keinen Grund, warum wir Sie nicht dazu bewegen können, –"

Sie wurde durch den Auftritt von Herrn Amos Badger unterbrochen.

Er stürmte in den Raum wie ein Mann, der es eilig hat, sein Gesicht war gerötet, seine Augen leuchteten, seine Stimme hallte wider, als er impulsiv fragte:

„Alles bereit, Vic?"

Dann überprüfte er sich und rief schnell aus, als würde er Nick unerwartet im Raum erblicken:

„Warum, hallo, Carter! Sie hier? Freut mich, Sie wiederzusehen."

„Das Vergnügen beruht auf Gegenseitigkeit, Mr. Badger", antwortete Nick und erhob sich, um die angebotene Hand des anderen entgegenzunehmen.

„Danke", nickte Badger. „Haben Sie schon eine Spur zu diesen höllischen Gaunern?"

„Nein, noch nicht."

"Tut mir Leid das zu hören."

„Aber ich hoffe, dass es gelingt."

„Ich schließe mich Ihnen in dieser Hoffnung an, Carter", erklärte Badger; dann fügte er lachend hinzu: „Sie werden sehen, dass ich keine roten Flanellbinden mehr habe."

„Ja, das verstehe ich."

„Eine schlimme Sache, eine Erkältung im Frühsommer.“

„So ist es“, stimmte Nick zu. „Ich gratuliere Ihnen, dass Sie es losgeworden sind.“

Er hatte den Mann aufmerksam beäugt, während sie redeten, und er sah, was er nicht gesehen hatte, hörte, was er nicht gehört hatte, als sie sich bei ihm in Brookline trafen; denn Badger wusste jetzt, dass er verdächtigt wurde; wusste, welche verzweifelte Arbeit an diesem Nachmittag geleistet werden musste, und er hatte die kleinen Kunstgriffe, mit denen er Nick bei ihrem letzten Treffen blenden wollte, aufgegeben.

In seiner klaren und schneidenden Stimme, in jedem subtilen, unheimlichen Tonfall, im leuchtenden Glitzern seiner dunklen Augen, in der Haltung seiner geschmeidigen, muskulösen Figur – in all dem sah oder hörte Nick nun wieder den Mann des Laderaums -auf – so deutlich, wie damals, als er den Schurken mit gezückten Waffen auf dieser sonnenbeschienenen Vorstadtstraße stehen sah.

Doch das Gesicht des Detektivs veränderte sich nicht im Geringsten, und Vic Clayton mischte sich nun mit einer schönen Zurschaustellung seiner Fürsorge ein:

„Wir können Mr. Carter einen Gefallen tun, Amos, wenn du für den Nachmittag keine Pläne hast.“

"Wie?" forderte Badger und drehte sich schnell zu ihr um.

„Er möchte den Ort besuchen, an dem Claudia und ich überfallen und ausgeraubt wurden, und er kam hierher, um mich zu bitten, mit ihm zu gehen. Wenn Sie heute keine besondere Reise unternehmen möchten –“

„Überhaupt nichts!“ rief Dachs und unterbrach ihn schnell. „Wir sind nur zur Ausstrahlung da, und ich würde diesen Weg am liebsten gehen. Die Straße nach Canton – kannst du den genauen Ort finden, Vic?“

"Sicherlich."

„Dann bringen wir ihn sofort dorthin, wenn er möchte“, sagte Badger und wandte sich schnell wieder Nick zu. „Was sagst du, Carter? In meinem Auto ist noch ein Sitzplatz frei, falls Sie mitkommen möchten.“

Nick hatte vorausgesehen, was kommen würde, und entschieden, welchen Kurs er einschlagen sollte.

„Ja, ich gehe“, sagte er kurz.

"Gut genug!" rief Dachs. „Zieh dich an, Vic, wir fangen sofort an.“

Nick hatte tatsächlich keine kluge Alternative zur Annahme des Angebots gesehen. Die Ablehnung nach der Bitte, die er an Vic Clayton gerichtet hatte, hätte möglicherweise Verdachtsmomente geweckt, von denen er keinen Grund hatte anzunehmen, dass sie bereits existierten. Er würde das nicht riskieren, bevor keine eindeutigen Beweise gegen diese Schurken vorliegen.

Dass er vom Polizeipräsidium verraten worden war, dass seine Verdächtigungen und Absichten bereits zum Teil bekannt waren, dass er es nun mit einem eilig per Telefon arrangierten Komplott zu tun hatte, dass er das Opfer eines bewundernswert gespielten Spiels war, dass sein Leben selbst in Gefahr war Von diesem Moment an konnte nur ein Hellseher das alles sehen.

Nick Carter war jedoch kein Hellseher und hatte auch keinen vernünftigen Grund, den wahren Ernst seiner Situation zu vermuten.

Doch mit der für ihn üblichen Vorsicht in der Gesellschaft bekannter Gauner wurde Nick von dem Moment an, als er in Badgers Auto Platz nahm, immer misstrauischer.

Es war ein Packard-Vierzylinder-Motorwagen, und Badger steuerte die Maschine. Mit Nick neben ihm auf dem Vordersitz und seiner Frau und Vic Clayton dahinter raste die vierköpfige Gruppe bald durch Brookline in Richtung der Waldstraßen der berühmten Blue Hills.

Obwohl das angeregte Gespräch, das in der Zwischenzeit geführt wurde, hier nicht von Bedeutung ist, führte es Nick bald dazu, in Verbindung mit den höflichen Aufmerksamkeiten, die ihm zuteil wurden, eine neue Theorie zur Erklärung der scheinbar natürlichen Situation zu entwickeln.

„Diese listigen Schurken wollen mit ihren Höflichkeiten nur einen positiven Eindruck auf mich machen“, sagte er sich, während das Gespräch ins Stocken geriet.

„Sie tun dies in der Hoffnung, Verdacht abzuwenden und mich davon zu überzeugen, dass sie so ehrlich und modisch sind, wie sie erscheinen. Sie sehen gut aus und scheinen in Ordnung zu sein. Dafür gebe ich ihnen meine Anerkennung, und wenn ich weniger über sie wüsste, wäre ich froh, wenn sie mich nicht mit ihren Anmaßungen täuschen würden.“

Dieser Monolog ging Nick mehr als eine Stunde, nachdem sie begonnen hatten, durch den Kopf, aber weniger als fünf Minuten später wurde er aufs schärfste Lügen gestraft.

Das Auto fuhr mit hoher Geschwindigkeit eine Waldstraße in den Blue Hills entlang, und Badger war über sein Lenkrad nach vorne gebeugt, offensichtlich konzentrierte er sich auf die Straße vor ihm.

Soweit das Auge reichte, war die Straße verlassen. Hundert Meter weiter teilte sich die Straße, und eine Nebenstraße zweigte nach links ab.

Die Kreuzung der beiden lag mitten in einem Waldgürtel, ohne dass ein Haus oder eine Lichtung zu sehen war.

Nach einem schnellen Blick über ihre Schulter beugte sich Vic Clayton plötzlich vor und rief über den Lärm der Maschine hinweg:

„Du musst diesen Weg nach Osten nehmen, Amos. Das andere führt zu _"

„Nein, nein, da liegen Sie falsch", rief Badger schnell über seine Schulter zurück.

"Nein, bin ich nicht!"

„Die Weststraße führt nach Canton."

„Du irrst dich, Amos", beharrte Vic offensichtlich aufgeregt, als sich das Auto schnell der Kreuzung näherte. „Wir müssen die Oststraße nehmen. Nicht wahr, Claudia?"

Badger verlangsamte das Tempo, als befände er sich in einer gewissen Unsicherheit, und brachte dann das Auto direkt an der Kreuzung zum Stehen.

„Nun, ich bin mir nicht ganz sicher", rief seine Frau und blickte sich zweifelnd um — allerdings nur, um sich zu vergewissern, dass in keiner Richtung ein anderes Auto in Sicht war. „Es ist alles in Ordnung, Amos —"

Badger war bereits auf den Beinen und unterbrach sie.

"Unsinn!" rief er, während Nick mit einem Gefühl des Misstrauens aufblickte. „Wenn wir diesen Weg einschlagen, Vic, wird es — Oh, ich bitte um Verzeihung, Mr. Carter!"

Anscheinend hatte er beim Gestikulieren auf der Straße versehentlich Nicks Derby-Mütze vom Kopf gestoßen.

Dann warf er sich mit einer blitzartigen Bewegung, als wollte er den Hut auffangen, bevor er zu Boden fallen konnte, über den Körper des Detektivs und hielt seine Arme an seine Seiten.

In diesem Moment war Vic Clayton im Auto aufgestanden und stand direkt hinter Nick.

"Jetzt!" schrie Dachs mit schrecklicher Wildheit.

Der Befehl war nicht nötig.

Schon senkte sich die erhobene Hand der Wahrsagerin; Eine Hand umklammerte heftig einen Revolver mit Keule, und dreimal fiel der Griff der schweren Waffe direkt auf Nick Carters ungeschützten Kopf.

Die tragische Episode hatte sich im Bruchteil einer Sekunde abgespielt, bevor Nick den Plan realisieren, geschweige denn verhindern konnte, und ein einziger Schlag wie bei den dreien hätte beinahe einen Ochsen getötet.

Ohne ein einziges Stöhnen und mit plötzlicher Entspannung aller Muskeln fiel Nick leblos und bewusstlos auf den Boden des Wagens, sein Haar und seine Stirn wurden von einem schnellen Blutschwall purpurrot.

Im Nu war Badger auf dem Boden.

„Setz dich, Claudia", rief er seiner Frau hastig zu. „Helfen Sie mir hier, Vic, und wir werfen ihn hinterher. Ich werde ihn an Händen und Füßen fesseln, wenn wir wieder anfangen. Na, na, das reicht! Jetzt rüber mit dem Auto, Claudia, und fahr nach Hause, als wäre uns der Teufel gefolgt!"

Die Übertragung war in einer halben Minute erfolgt.

In der anderen Hälfte raste das Auto mit dreißig Meilen pro Stunde über die Waldstraße zurück – auf dem Weg zu Badgers Haus in der Nähe von Brookline.

Sinnlos lag zwischen den Sitzen, außer Sichtweite aller Personen, die das rasende Auto auf der Straße passieren könnte, der Mann, dem die verzweifelte Frau, die ihn angefahren hatte, nur ein Scheitern vorhergesagt hatte.

KAPITEL XIII.
SCHLIESSEN SIE DIE QUARTIERE.

„Es ist nicht meine Aufgabe zu sagen, was Sie tun oder nicht tun werden, da Sie jetzt scheinbar die Bänder in der Hand halten. Es liegt an dir, Dachs, und nicht an mir, es zu sagen.“

Das Obige kam von Nick Carter, einige Stunden nach der tragischen Episode, die sich auf der Waldstraße abspielte.

An Händen und Füßen gefesselt und den Kopf grob bandagiert, saß Nick an eine von vier Steinwänden gelehnt, offensichtlich die eines kleinen Kellers oder möglicherweise eines Weinkellers, mit nur einer schweren Tür, durch die der Ort zugänglich war.

Unter ihm lag nur die nackte Erde, feucht und kalt, während in einer Ecke des Ortes ein kleiner Teich mit stehendem Wasser die niedrige Lage des Bodens verriet.

In der Nähe standen zwei leere Bierfässer.

Auf einem von ihnen brannte eine Laterne, deren Strahlen nur ein düsteres Licht auf die noch düsterere Szene warfen.

Auf dem anderen Fass saß Amos Dachs, die Hände auf den Knien, den gesenkten Blick auf den hilflosen Detektiv gerichtet, und in seinen dunklen Gesichtszügen spiegelten sich eine Mischung aus Zufriedenheit und finsterer Verachtung.

Es war schon spät am Abend, und Nick Carter hatte es nur mit Mühe geschafft, wieder zu Bewusstsein zu kommen und sich seines schmerzenden Kopfes und seiner höchst wenig beneidenswerten Situation bewusst zu werden.

Die Wiederherstellung war von Conley durchgeführt worden, der so etwas wie ein Tierarzt war, und kaum war sie fertig, beeilte sich Badger, seinen Gefangenen zu befragen, ein Interview, das gerade erst begonnen hatte, als Nick die Bemerkung machte, die dieses Kapitel eröffnet.

„Es liegt an mir, oder?“ erwiderte Badger mit strenger Selbstgefälligkeit. „Es liegt an mir zu sagen, was mit dir geschehen soll?“

„Ich kann mir nicht vorstellen, dass irgendetwas, was ich sage, Gewicht hätte“, sagte Nick kühl.

„Das stimmt – das wäre nicht der Fall!“

„Derzeit nicht.“

„Nein, auch nicht später!“ höhnte Dachs scharf. „Du hattest dein letztes Wort, Carter, jetzt, wo wir dich in unseren Fängen haben.“

„Ein sehr schurkisches Spiel, das Sie gespielt haben, um das zu erreichen!“

„Wenn du auf die Jagd nach Schurken gehst, Carter, musst du damit rechnen, dass du, wenn überhaupt, von deren eigenen Methoden abgewiesen wirst.“

„Das stimmt auch, und ich war unvorsichtig, nicht auf dich vorbereitet zu sein.“

„Du hattest es mit mehr Geschick und Gerissenheit zu tun, als du erwartet hattest.“

„Ich muss darüber nicht informiert werden“, erwiderte Nick und fragte sich nun, wann, wie und aus welchem Grund sie den Trick geplant hatten.

Denn er wusste, dass der Angriff bereits vor seinem Gespräch mit Vic Clayton am Nachmittag geplant worden sein musste, sonst hätte er nicht so schnell ausgeführt werden können und die Falle selbst hätte nicht so eindeutig arrangiert werden können.

„Eine Tatsache ist jedoch jetzt sehr offensichtlich“, fügte er sofort hinzu und hoffte, Badger zu einer versehentlichen Offenlegung zu verleiten.

„Welche Tatsache?“ knurrte Badger und blickte ihn stirnrunzelnd an.

„Jemand hat Sie über den Wunsch informiert, den ich für die Clayton-Frau geplant habe.“

"Denke schon?"

„Oder habe sie informiert.“

„Du wirst schnell klug.“

„Sonst hättet ihr den Job unter euch nicht planen können, Badger“, fuhr Nick fort.

"Vielleicht nicht."

„Ich kann auch ziemlich gut erraten, wer es war, da Chief Weston der einzige Mann ist , den ich über meine Absicht informiert habe.“

„Höchstwahrscheinlich hat er einen Boten hierher geschickt und uns gewarnt“, höhnte Badger grinsend.

„Er nicht", erwiderte Nick. „Aber es gibt eine rothaarige Skizze und Umrisse eines Mannes in seinem Büro, Badger, den ich zusammen mit euch allen fast zusammentreiben werde, wenn ich aus diesem Loch herauskomme."

„Es wird keine sofortige Zusammenfassung geben, Carter, da es nur auf Sie ankommt", antwortete Badger mit einem forschenden Blick auf Nicks Gesicht.

„Ah, dann wurde Ihnen auch gesagt, dass ich mit dem Fall allein bin", sagte Nick, bereit genug, ihn das glauben zu lassen.

„Bist du nicht allein damit?"

„Wenn nicht, Dachs, wirst du bald von anderen hören."

„Es gibt keine anderen."

"In Ordnung."

„Und du bist jetzt hilflos."

"Nicht ganz."

„So gut wie runter und raus."

„Aber ich bin immer noch im Ring", beharrte Nick.

„Du bist in Händen, aus denen du niemals lebend entkommen wirst, darauf gebe ich dir mein Wort", rief Badger mit bedrohlicher Strenge.

„Dein Wort, Dachs, ist ein schlechter Beweis."

„Sie wissen jetzt viel zu viel über uns, als dass wir Sie entkommen lassen und es preisgeben könnten", fügte dieser entschieden hinzu. „Ich möchte jetzt wissen, woraus Ihr Wissen besteht und welche Maßnahmen Sie gegen uns ergriffen haben."

Nick lachte ein wenig spöttisch.

„Ich schätze, Dachs, du musst es auspacken, wenn du es willst", sagte er.

„Sie werden mich nicht informieren?"

„Bei weitem nicht."

„Ich werde einen Weg finden, dich zu zwingen."

„Möglicherweise", sagte Nick. „Aber du wirst eine lange Suche vor dir haben, bis du den Weg findest."

„Sie lassen mich allein, das zu finden", rief Badger mit selbstbewusster Schärfe. „Ich kann Foltermethoden ersinnen, die so scharf sind, dass selbst du verrätst, was du getan hast –"

Seine schelmischen Drohungen wurden an diesem Punkt durch das Geräusch näherkommender Schritte von jenseits der teilweise geschlossenen Tür unterbrochen. Einen Augenblick später wurde es aufgerissen, und Jerry Conley, gefolgt von Vic Clayton und Badgers Frau, betrat den düsteren Ort.

Dass es sich bei den beiden Frauen um so minderwertige und verrufene Frauen handelte, wie Nick berichtet worden war, zeigte sich in ihrer völligen Missachtung seines erbärmlichen Zustands und in der boshaften Befriedigung, mit der sie ihn anstarrten, wie sie vielleicht ein eingesperrtes Tier angestarrt hätten, das sie hatten hatte Grund zur Angst.

„Du hast ihn wieder auf die Erde gebracht, oder?" fragte Claudia mit einem Blick auf Badgers grimmiges Gesicht. „Jerry kam gerade und erzählte es uns, also dachten wir, wir schauen uns ihn mal an."

Vic Clayton jedoch kam und beugte sich über Nick und spähte auf seine strengen Gesichtszüge, die jetzt weiß vom Blutverlust waren; während ihre eigenen bösen Augen und das spöttische Lächeln, das ihre grausamen Lippen kräuselte, deutlich ihre verabscheuungswürdige und bösartige Natur zum Ausdruck brachten.

„Nun, du hast so viele Leben wie eine Katze, nicht wahr?" sie forderte in spöttischem Ton.

Nick erwiderte ihren bösen Blick, ohne seinen Gesichtsausdruck zu verändern, doch in seinen erhobenen Augen lag ein bedrohlicher, feuriger Glanz, vor dem diejenigen, die ihn am besten kannten, vor Angst zurückzuschrecken gelernt hatten.

„Ich werde lange genug leben, um die Schläge, die du mir zugefügt hast, mit Zinsen zurückzuzahlen und dich dort zu landen, wo du hingehörst?" erwiderte er streng.

„Das wirst du, was?" höhnte Vic mit einem spöttischen Lachen.

„Ohne den geringsten Zweifel."

„Offensichtlich hast du vergessen, was ich für dich vorhergesagt habe."

„Die Vorhersagen eines Scharlatans erfüllen sich selten."

"Scharlatan?"

„Und Gauner", fügte Nick hinzu.

„Seien Sie nicht frech, Mr. Carter, nicht einer Dame gegenüber", sagte der stirnrunzelnde Jade. „Du wirst genau das erleben, was ich für dich vorhergesagt habe: einen Misserfolg."

„Das werde ich riskieren."

„Und du bist auf einem sehr fairen Weg", fügte Vic mit einem finsteren Nicken hinzu, als sie ihre böswillige Prüfung beendete und sich an Amos Badger wandte.

Letzterer hatte sich mit seiner Frau und Conley zurückgezogen, und die drei standen da und unterhielten sich in gedämpfter Stimme, offenbar ohne Interesse an der jüngsten Belustigung ihres Verbündeten.

„Na, was sagst du?" forderte Vic, als sie sich ihnen näherte. „Wir haben ihn, in Ordnung. Was soll nun mit ihm geschehen?"

„Das ist es, worüber wir reden", knurrte Conley, der ziemlich rüpelhaft an sich war. „Ich sage, es war ein Fehler, ihn nicht krächzen zu lassen, wenn er dazu zuvorkommend genug gewesen wäre."

„Bah!" murmelte Claudia. „Männer mit einem so harten Kopf wie ihm sterben nicht so leicht."

„Meiner Meinung nach", fügte Conley hinzu, „ist es für uns am sichersten, sein Licht sofort auszulöschen und damit fertig zu sein."

Badger schüttelte jedoch schnell den Kopf.

„Noch nicht", sagte er grimmig. „Nicht vor morgen."

„Aber warum die Verzögerung?" protestierte Conley. „Da kann ich nichts erkennen."

„Dann sage ich dir warum."

„Nun, raus damit."

Nick spitzte die Ohren, doch ab und zu konnte er nur ein Wort lauter verstehen als andere.

„Zunächst einmal", argumentierte Badger, „werde ich mir nicht den Hals in die Schlinge legen, bevor ich nicht genau weiß, wie wir stehen." Wir haben noch kein Blut an unseren Händen, und bevor ich ein solches Risiko eingehe, Conley, werde ich absolut sicher sein, dass Carter Weston seinen Verdacht nicht gemeldet hat. Was nützt es, ihn aus dem Weg zu räumen, nur um dann festzustellen, dass uns ein halbes Dutzend Bostoner Detektive auf den Fersen sind, denen Carters Entdeckungen mitgeteilt wurden."

„Aber Sandy erklärt, dass Weston nichts davon weiß", flüsterte Vic.

„Ich hoffe, dass er es nicht tut, aber ich werde sicher sein, bevor ich Nick Carter vernichte", sagte Badger.

„Wie können Sie das sicherstellen?" knurrte Conley.

„Wir werden es morgen um diese Zeit wissen."

"Wie so?"

„Weil uns andere folgen werden, Jerry, sobald die Entdeckung gemacht wird, dass Carter vermisst wird", argumentierte Badger. „Wenn niemand auftaucht, können wir davon ausgehen, dass Sandy Hyde Recht hat und Carter nichts Konkretes preisgegeben hat. Dann werden wir wissen, dass er der Einzige ist, vor dem wir Angst haben müssen, und es wird dann Zeit genug sein, ihn niederzuschlagen und zu töten."

„Nun, da ist etwas dran", murmelte Conley jetzt.

„Wir wissen, dass er nicht entkommen kann."

"Hm! Ich würde sagen: Nein."

„ Es besteht also kein Grund zur Eile, da wir ihn in unseren Fängen haben", fügte Badger hinzu. „Außerdem gibt es noch etwas anderes zu bedenken."

"Was ist das?"

„Möglicherweise hat Carter einige seiner New Yorker Assistenten hier, soweit wir nichts Gegenteiliges wissen."

„Sandy sagt nein", warf Vic ein.

„Vielleicht ist er sich nicht ganz sicher", argumentierte Badger. „Und bis wir absolut sicher sind, was morgen um diese Zeit der Fall sein sollte, bin ich entschlossen, kein Risiko einzugehen, dass ich eines Tages wegen Mordes angeklagt werde."

„Das klingt wirklich hässlich", sagte Vic mit einer düsteren Grimasse.

„Und es gibt eine hässliche Strafe", fügte ihre Schwester hinzu.

„Damit ist die Sache geklärt, Jerry", sagte Badger. „Wir behalten Carter hier, bis wir genau wissen, womit wir es zu tun haben."

„Nun, das ist gut genug für mich, wenn es für dich ist", sagte Conley gleichgültig.

„Sind Sie sicher, dass seine Anleihen sicher sind?"

„Wenn er einen dieser Knoten löst, Amos, werde ich die Seile fressen", war die selbstbewusste Erwiderung.

„Morgen werden wir Schritte unternehmen, um ihn dazu zu bringen, seinen Mund aufzumachen und alles zu erzählen, was er weiß."

„Welche Schritte?"

„Ich werde einen Weg finden, lassen Sie mich dafür in Ruhe."

„In der Zwischenzeit –" begann Vic.

„Nicht mehr hier", warf Badger ein. „Es ist zu höllisch feucht und kalt. Gehen Sie zurück zum Haus, Sie beide Frauen, und ich werde mich gleich zu Ihnen dort gesellen. Ich werde zunächst dafür sorgen, dass hier alles sicher ist."

„Alles klar, Amos."

Die beiden Frauen zogen sich aus dem Tresorraum zurück, Nick folgte ihnen mit seinem Blick.

Die beiden Männer blieben, und beide machten sich nun daran, doppelt sicherzustellen, dass die Seile, die Nicks Arme und Gliedmaßen fesselten, fest verknotet waren.

Es wurde kein Wort gesprochen.

Die Arbeit dauerte weniger als eine Minute, und Badger nahm dann die Laterne und bedeutete Conley, vorauszugehen.

An der Tür des Tresorraums drehte sich Badger jedoch für einen Moment um und sagte mit bösartiger Gewissheit:

„Wenn es einer von uns sein soll, der untergehen muss, Carter, dann bist du es! Glauben Sie mir beim Wort!"

Einen Moment lang starrte Nick ihn über den düsteren Ort hinweg streng an, dann erwiderte er kühl:

„Da ich nur dein Wort dafür habe, Dachs, fühle ich mich vollkommen sicher!"

Badger stieß ein halb unterdrücktes Knurren aus, dann schloss er die schwere Tür mit einem lauten Knall.

Nick hörte das Schießen von Bolzen und das Geräusch einer Stange, die einrastete.

Dann herrschte eine Zeit lang Stille – Stille und Dunkelheit!

KAPITEL XIV.
Schatten und Schatten.

„Donnernde Kanonen!" murmelte Patsy. „Er wäre ein hässlicher Hund, wenn man ihn im Dunkeln trifft."

Chick Carter blickte in die angezeigte Richtung.

Die beiden Detectives saßen bequem auf einem Baumstamm inmitten eines Gebüschs.

Das Gebüsch bildete einen Teil des Gestrüpps und der Büsche, die das Waldgebiet hinter dem ausgedehnten Badger-Anwesen säumten.

Fast hundert Meter entfernt befand sich der Stall, eine Seitenansicht, mit dem daran angrenzenden langen Kutschenhaus, wie bereits beschrieben.

Fünfzig Meter dahinter befand sich die Dachswohnung, eine Rückansicht, mit der Hintertür und den Fenstern sowie einem Teil einer der Seitenveranden gut sichtbar.

Der dazwischen liegende Boden war frei von Bäumen und nichts versperrte die Sicht der beiden beobachtenden Detektive.

Sie führten Nicks Befehl aus, den sie an diesem Morgen erhalten hatten, nämlich so viel wie möglich über das Badger-Haus zu erfahren, ohne gesehen zu werden.

Sie hatten es bereits von vorne gemessen und waren vor etwa einer halben Stunde an ihrem jetzigen Aussichtspunkt angekommen, wo sie nur darauf achteten, zu beobachten, bis sie einigermaßen sicher waren, wie viele Bedienstete sich im Haus und im Stall befanden.

Bei den Carters ging es immer lebhaft zu, nachdem eine Spur gefunden worden war, und in diesem Fall bildeten sie keine Ausnahme.

Was Patsy zu ihrem gemurmelten Ausruf veranlasst hatte, wurde nun von Chick bemerkt, der das Gebüsch, das sie verbarg, beiseite teilte, um das Objekt etwas besser betrachten zu können.

Es war ein riesiger kubanischer Bluthund, ein böse aussehendes Biest. Das Tier war offenbar gerade aus dem Stall gekommen, dessen Vorderseite für die Ermittler nur teilweise sichtbar war, und trottete nun über den Rasen auf die Hintertür des Hauses zu.

„Ich glaube, du hast recht", entgegnete Chick. „Er sieht aus, als würde er einen Mann mit einem einzigen Bissen überwältigen."

„Ganz einfach", nickte Patsy.

„Wenn wir hier nach Einbruch der Dunkelheit arbeiten müssen", sagte Chick, „behalten wir diesen Kerl am besten im Hinterkopf."

"Eher."

„Er würde einen hässlicheren Kampf liefern als der gesamte Haufen, den wir bisher gesehen haben."

„Das stimmt, Chick."

„Wir haben bisher nur vier gesehen."

„Dachs und seine Frau, die wir von vorne gesehen haben", zählte Patsy auf. „Die Frau mittleren Alters, die dort in der Küche arbeitet, und der Schwarm, den wir im Stall gesehen haben. Das macht vier, Chick; sicher , da du einen Fuß groß bist."

„Ich fange an zu glauben, dass es keine anderen gibt."

„Vier sind nicht viele, um das Spiel fortzusetzen, das Nick vermutet", meinte Patsy etwas zweifelnd.

„Es gibt immer noch die Clayton-Frau", antwortete Chick; „Und sie und Badgers Frau könnten genauso mutig und fähig sein wie Männer."

"Sehr wahrscheinlich."

„Es gibt genug von ihnen, um dieses Überfallspiel erfolgreich gespielt zu haben, das ist klar genug; und je kleiner die Zahl, Patsy, desto geringer ist die Gefahr des Verrats."

„Das stimmt, Chick."

„Ich denke, dass der Mangel an Bediensteten hier ein Vorteil für uns ist."

„Ein Punkt, an dem Nick Recht hat?"

"Genau."

"Vielleicht."

„Ich bezweifle, dass es noch andere gibt", wiederholte Chick, „oder ob wir noch viel länger hier bleiben können, um von Vorteil zu sein." Wir sollen um vier Uhr wieder bei Nick sein, wissen Sie?

"Wie viel Uhr ist es jetzt?"

„Halb eins", antwortete Chick und schaute auf die Uhr.

In diesem Moment erhielt Vic Clayton ihre sehr wichtige Mitteilung vom Spion aus dem Polizeipräsidium, eine halbe Stunde vor Nicks Ankunft.

Im selben Moment, während Chick und Patsy hockten und zum Haus blickten, kam Conley durch die Hintertür und schlenderte zum Stall, wobei er sich im Gehen seine Pfeife anzündete.

„Da ist wieder dieser stabile Schwarm", murmelte Patsy. „Sein Aussehen gefällt mir überhaupt nicht."

„Offensichtlich kommt er gerade vom Abendessen."

"Sichere Sache! Sehen Sie, die Frau füttert jetzt den Hund auf der Hintertreppe. Dafür ist der hässliche Hund da drüben getrottet."

„Er weiß, wann die Essenszeit kommt", lachte Chick.

„ Vielleicht ist seine Essenskarte nur zu dieser Zeit gültig", grinste Patsy. „Ich frage mich, ob dieser Schwarm der einzige Mann im Stall ist. Wenn das der Fall ist, Chick, muss er ein gutes Stück Arbeit vor sich haben, sonst liegt Nick in einigen Punkten daneben."

„Warum?"

„Nick glaubt, dass sie hier draußen drei oder vier Pferde haben."

„Wir wissen von einem, Patsy."

„Und er glaubt, dass diese Überfall-Gauner mehrere Autos haben."

„Sie erfordern nicht viel Arbeit, insbesondere wenn sie nur selten verwendet werden."

„Nun, die Autos haben sie weder in diesem Stall noch im Kutschenhaus", erklärte Patsy. „Das ist ein Kinderspiel, Chick, denn wir haben uns beides angeschaut."

"WAHR."

„Und es gibt nur ein Pferd im Stall."

„Vielleicht haben sie ein geheimes Versteck für die ganze Angelegenheit", sagte Chick.

„Vielleicht ja, aber —"

„Halten Sie ein bisschen inne!" Chick unterbrach ihn plötzlich und erhob sich, um durch das Gebüsch zu spähen. "Was bedeutet das?"

„Mensch!" murmelte Patsy und stand ebenfalls auf. „Da ist was los!"

Obwohl sie zu diesem Zeitpunkt keine Möglichkeit hatten, den Grund für die Aufregung zu erfahren, da sie außer Hörweite waren und sich nicht unbemerkt nähern konnten, erhielt Badger genau zu diesem Zeitpunkt von

Vic Clayton eine Telefonmitteilung über Nick Carters Pläne und Darauf folgte schnell die Planung der Verschwörung, die später zu Nicks Untergang führte.

Dachs war ohne Mantel und Hut aus der Hintertür des Hauses gestürzt, warf seine Zigarre weg, während er über den Rasen rannte, und schrie dabei lautstark Conley an.

Es war sein plötzliches Erscheinen und seine offensichtliche Aufregung, die sowohl Chick als auch Patsy so erschreckt hatten.

Conley drehte sich um, als er die Rufe hörte, und die beiden Gauner trafen sich etwa zwanzig Fuß vor dem Stall, gut sichtbar für die Detectives.

Dort redete Badger mehrere Augenblicke lang schnell, mit gelegentlichen heftigen Gesten in Richtung der Stadt, und die ganze Zeit über zeigten beide Männer in ihren Gesichtern und Bewegungen eine Bestürzung und Aufregung, die sich jemand, der nicht zuhört, nicht leicht erklären ließ.

„Mensch! Ich würde etwas dafür geben, zu wissen, was sie sagen", murmelte Patsy und starrte sie mit großen Augen an.

„Da ist etwas im Wind", nickte Chick.

Nach etwa einer Minute drehte sich Badger um, stürmte zurück zum Haus und betrat es mit Höchstgeschwindigkeit.

Conley stürmte unterdessen außer Sichtweite zur Stalltür, jedoch nicht hinein, die außerhalb der Sichtweite der Detectives lag.

„Wo zum Teufel ist er hin?" sagte Chick neugierig.

„Es sah aus, als wäre er in den Stall gegangen", sagte Patsy.

„Da bin ich mir nicht so sicher."

"NEIN?"

„Ich dachte, er drehte sich zur Seite, kurz bevor er sich der Tür näherte."

„Vielleicht ist er um die hinterste Ecke gelaufen", vermutete Patsy. „Wir könnten unsere Position ändern, Chick, um diese Tür zu sehen."

„Warte ein bisschen", antwortete Chick. „Hier herrscht große Eile wegen etwas, und wir werden in Kürze alles sehen, was es zu sehen gibt."

„Ich denke, das stimmt."

„Dachs zeigte mehrmals auf die Stadt", fügte Chick mit ernster Miene hinzu. „Ich würde ein wenig wetten, dass Nick irgendwie dahintersteckt, wenn er nicht in irgendeinen Ärger verwickelt ist."

„Du stellst dir nicht vor –"

"Einfach! Hier kommt Badger wieder."

Wieder einmal war dieser aus dem Haus geflüchtet, und dieses Mal folgte ihm seine Frau.

Jetzt trugen beide ihre Außenkleidung und waren offensichtlich auf eine Fahrt vorbereitet.

Im selben Moment kam mit heftigem Grollen und Surren ein Auto vor dem Stall in Sicht und raste über den Rasen dem Paar entgegen.

Es wurde von Conley gelenkt, der sofort herausstürzte, als es anhielt, während Badger und seine Frau fast genauso schnell hineinkletterten.

Im nächsten Augenblick raste das Auto unter der Führung von Badger die lange Schotterauffahrt in Richtung Laurel Road hinunter.

Der Abgang erfolgte so aufgeregt und eilig, dass Patsy, die die ganze Zeit den Atem angehalten hatte, ihn nun mit einem scharfen Keuchen ausatmete.

"Wütend; Das übertrifft den Rekord", rief er aus.

„Was mich verwirrt", antwortete Chick verwirrt, „ist, woher dieses Auto kam."

„Mensch! Das ist genau das, was ich gedacht habe."

„Es kam nicht aus dem Stall, das schwöre ich."

„Für mich sah es so aus, als ob es um die hintere Ecke käme."

„Es war ein Packard", sagte Chick. „Ich kenne die Maschine."

"Vielleicht--"

„Mach Schluss und folge mir", unterbrach ihn jetzt Chick, der Conley dabei beobachtet hatte, wie er gemächlich zurück zum Stall ging.

"Wo jetzt?" fragte Patsy, als sie durch den Wald zurückzogen.

„Zurück in die Stadt", sagte Chick entschieden. „Für uns gibt es hier derzeit nichts mehr."

„Es ist eine gute Wette, dass Badger in die Stadt gegangen ist, da er so oft in diese Richtung gezeigt hat."

„Das ist nur meine Idee, Patsy."

"Was denkst du darüber?"

„Ich glaube, dass etwas passiert ist, das diese Schurken beunruhigt",
antwortete Chick.

„Und dass niemand außer Nick das herbeigeführt haben könnte?"

"Genau."

„In diesem Fall, Chick, hat er vielleicht etwas unternommen, seit wir ihn
verlassen haben."

"Sicher."

„Und möglicherweise sind diese Jungs klug geworden."

„Das scheint ungefähr die Größe zu haben", nickte Chick. „Außerdem
sieht es so aus, als hätte Badger mit diesem Blitztrip etwas für Nick im
Ärmel."

„Ein Gegenzug?"

"Genau."

„Was sollen wir dagegen tun?"

„Wir werden uns zuerst um Nick kümmern", antwortete Chick. „Er
sollte um vier Uhr zu uns zurückkehren. Wenn er zu dieser Zeit oder etwas
später nicht erscheint, müssen wir weitermachen."

„Um ihn aufzuspüren?"

"Sicher."

„Und wenn es uns nicht gelingt, seine Spur zu finden?"

„Zurück hierher werden wir kommen, Patsy, Hund hin oder her, um zu
erfahren, was diese plötzliche Reise wirklich bedeutete", erklärte Chick mit
ernster Entschlossenheit.

Er hatte klug argumentiert, dass er Badgers aufgeregten Abgang auf
einen unerwarteten Grund zur Besorgnis zurückgeführt hatte und dass Nick
die Person war, die ihn am ehesten verursacht hatte.

Im Lichte dieser Schlussfolgerungen zeigte Badgers sofortiges und
entschlossenes Handeln darüber hinaus deutlich, dass er ein bestimmtes
Projekt im Auge hatte, vermutlich eines, um die drohende Gefahr
abzuwenden.

Allein die Schlussfolgerungen reichten aus, um auf eine Gefahr hinzuweisen, die Nick bedrohte, und sein Chefassistent kam schnell zu dieser Schlussfolgerung und handelte entsprechend.

Tatsächlich trugen jedoch die Schnelligkeit und Scharfsinnigkeit, mit der die Carters ausnahmslos bei ihrer Arbeit mitarbeiteten, wesentlich dazu bei, ihren Erfolg sicherzustellen .

Chicks Gespräch mit Patsy hatte stattgefunden, als sie sich ihren Weg durch den Waldgürtel bahnten, aus dem sie bald herauskamen, und dann zur nächsten Straßenbahnlinie und zurück in die Stadt eilten.

Es war fast drei Uhr, als sie im Adams House ankamen und in Nicks Zimmer gingen.

Von Nick war jedoch nichts zu sehen.

Die Lupe, mit der er das belastende Foto untersucht hatte, lag noch immer auf dem Tisch, wo er sie zurückgelassen hatte. Aber es gab weder eine Notiz noch ein Zeichen, aus dem hervorging, dass er dort gewesen war, seit die drei am Morgen in Begleitung aufgebrochen waren.

„Er ist nicht zurückgekehrt, seit er mit uns gegangen ist, Patsy", sagte Chick, nachdem er sich umgesehen hatte. „Wir werden bis zur verabredeten Stunde warten."

"Vier Uhr?"

„Oder etwas später."

„Vielleicht taucht er bis dahin auf."

„Ich habe nicht viel Hoffnung darauf", antwortete Chick etwas besorgt. „Ich habe es ganz fest im Griff, eine echte Vermutung, Patsy, dass mit ihm etwas schief gelaufen ist."

„Im Großen und Ganzen hast du recht, Chick, wenn du dich so fühlst."

Chick gab keine Antwort, sondern begann, auf und ab zu gehen.

Eine Stunde verging, ohne dass von Nick eine Spur zu sehen war.

Um halb vier konnte Chick seine Ungeduld nicht länger zurückhalten.

"Aufleuchten!" rief er plötzlich und holte seinen Hut auf. „Wir werden weitermachen."

Patsy sprang von der Couch auf, auf der er gerade an seiner Pfeife zog.

"Ich bin bei dir!" schrie er voller Eifer. „Wirst du versuchen, ihn aufzuspüren?“

"Ja."

„Wo zuerst, Chick? Zur State Street?“

„Es ist zu spät, dorthin zu gehen“, antwortete Chick, als sie den Raum verließen und zum Aufzug eilten.

„Dennoch könnten wir dort auf seine Spur stoßen.“

„Das schaffe ich schneller, denke ich.“

"Wo?"

„Im Polizeipräsidium – Büro von Chief Weston, am Pemberton Square.“

Kapitel XV.
AUF NICKS SPUREN.

Es war fünf Uhr, als Chick und Patsy den Pemberton Square betraten.

Es war etwa eine halbe Stunde zuvor, als Nick Carter in seinem Gefängnis untergebracht wurde.

„Warte hier, Patsy", sagte Chick an der Ecke, an der Nick ein paar Morgen zuvor Gradys Flitzer angegriffen hatte. „Es ist nicht nötig, dass wir beide ins Büro des Chefs gehen. Ich werde in fünf Minuten zurück sein."

"Fortfahren."

Chick eilte die Kellertreppe hinunter und in das Büro des Chefs — nur um dort auf Sandy Hyde zu treffen, die gerade vom gegenüberliegenden Korridor hereinkam.

„Wo ist der Chef?" „Chick weinte hektisch . "

Hyde kannte Chick nicht von einer Seite aus Sohlenleder, aber da er zumindest wusste, dass er nicht Nick Carter war, antwortete er ziemlich prompt:

„Der Chef ist in seinem Büro."

„Ich muss ihn sehen."

"Welcher Name?"

„Chick Carter. Komm, komm, ich bin in Eile!"

Hydes katzenartige Augen weiteten sich sofort, als er den Namen hörte, und nahmen den grünlichen Glanz innerer Erregung an.

Jetzt wurde ihm klar, dass er Vic Clayton einen falschen Tipp gegeben hatte, dass einer von Nicks Assistenten in Boston war und mit ihm an dem Fall arbeitete, und der unterwürfige kleine Schlingel begann sofort zu überlegen, wie er sich zurechtfinden und Chicks Mission aufdecken konnte.

Er wagte es nicht, erneut den Lauscher zu spielen, und befürchtete auch, dass er dabei nicht alles mithören könnte, was gesagt wurde, und ergriff sofort den erstbesten Ausweg, der ihm gefiel.

Er eilte durch die Umzäunung und in Westons Privatbüro und sagte schnell:

„Hier draußen ist ein Mann, der Sie sehen möchte, Chef."

"Welcher Mann?"

„Ich habe seinen Namen nicht verstanden, Sir. Aber er ist in schrecklicher Eile und ich vermute, dass etwas passiert ist."

Wie Hyde erwartet hatte, stand Chief Weston von seinem Stuhl auf und betrat das Hauptbüro.

Hyde war schlau genug, um vorauszusehen, dass ihr Gespräch wahrscheinlich im Vorzimmer weitergeführt werden würde, wenn Chick es so eilig hätte.

So geschah es übrigens, obwohl Weston sofort ausrief, als er seinem Besucher die Hand schüttelte:

„Warum, hallo, Chick Carter! Wie geht es dir? Komm herein."

„Nein, nein, Chef", lehnte Chick schnell ab. „Ich werde nur einen Moment bleiben. War Nick heute hier?"

„Ja – ungefähr ein Uhr."

„Weißt du, wohin er gegangen ist?"

„Ich weiß, wohin er gehen wollte."

"Wo war das?"

„In Madame Victorias Zimmer in der Tremont Street", antwortete Weston.

„Weißt du wofür?" fragte Chick, als er begann, Licht vor sich zu sehen.

Chef Weston erzählte ihm kurz, was Nicks Mission in Vic Claytons Räumen, wie von Nick angegeben, darin bestand, und erkundigte sich dann neugierig:

„Warum fragst du nach ihm, Chick? Ist da irgendetwas falsch?"

er damals jedoch alles gelernt hatte , was er konnte, beschloss er, zu diesem Zeitpunkt nichts weiterzugeben.

„Nein, es ist alles in Ordnung, Chef, denke ich", erwiderte er schnell und wandte sich zum Gehen. „Ich habe es nur eilig, ihn zu finden, das ist alles. Möglicherweise ist er zu diesem Zeitpunkt bereits im Hotel zurückgekehrt."

„Ich denke, dass du ihn dort wahrscheinlich finden wirst", nickte Weston, etwas misstrauisch gegenüber Chicks Ausweichen.

Chick wartete nicht länger, sondern rannte hinaus, so wie er hineingerannt war.

Weston ging zu seinem Privatbüro.

Hydes grünliche Augen, die jetzt heller leuchteten als je zuvor, wanderten zum Telefonschrank.

Bevor er jedoch Anstalten machen konnte, Badger die gewünschte Warnung zu übermitteln, drehte sich Häuptling Weston um und sagte knapp:

„Du kommst mit mir rein, Sandy. Ich möchte, dass Sie mir etwa eine Stunde lang bei meinem Quartalsbericht helfen. Sehen Sie auch munter aus, sonst sitzen Sie hier bis nach sechs Uhr fest.“

Die blassen Gesichtszüge des verräterischen Schurken zitterten und zuckten einen Moment lang vor Enttäuschung, aber sofortiger Gehorsam war unerlässlich – und das Telefon musste warten!

Chick Carter gesellte sich an der Ecke zu Patsy.

"Aufleuchten!" er rief aus.

"Wo jetzt?" fragte Patsy, als sie zur Tremont Street gingen.

„Zu den Räumen der Wahrsagerin.“

„War Nick dort?“

„Ja, gegen zwei Uhr.“

„Wofür hast du gelernt?“

„Alles, was Weston mir sagen konnte “, antwortete Chick und teilte ihm hastig mit, was er erfahren hatte.

Beide erkannten schnell die Möglichkeiten, die ihre verschiedenen Beobachtungen und Entdeckungen boten, und Patsy erklärte nun energisch, wie Chick schlussfolgerte:

„Ich wette, dass hier eine Art Skorbut-Trick angewendet wurde.“

„Das fürchte ich, Patsy.“

„Badger wäre mit diesem Auto nicht so in Eile gewesen, wenn er nicht einen Plan im Sinn gehabt hätte.“

„Das stimmt“, stimmte Chick zu. „Madame Victoria hat ihm möglicherweise telefonisch mitgeteilt, was Nick vorhatte, und möglicherweise mit Badger geplant, ihn in ihre Hände zu bekommen.“

„Das scheint ungefähr so groß zu sein. Wenn wir hier keine Spur von ihm finden“, knurrte Patsy, „werden wir heute Abend noch einmal dorthin gehen und Nachforschungen anstellen.“

„Das werden wir tun.“

„Wissen Sie genau, wo sich die Räume der Wahrsagerin befinden?“

„Dort", nickte Chick, während sie die Tremont Street hinaufeilten. „In diesem Block an der nächsten Ecke."

„Was wirst du sie fragen, falls sie da ist?"

„Oh, ich kann ihr eine plausible Geschichte erzählen, um meine Anfragen zu erklären", antwortete Chick selbstbewusst. „Sie ist nicht hellsichtig genug, um mich zu durchschauen, ich werde mein Bestes geben."

„Bei mir geht es genauso", versicherte Patsy grinsend.

„Ich werde sie auf keinen Fall wissen lassen, dass ich mit Nick in dem Fall bin", fügte Chick hinzu. „Wenn diese Schurken denken, dass er es im Alleingang schafft, könnten wir einen Vorteil daraus ziehen, sie im Dunkeln zu lassen."

"Sicherlich."

„Vielleicht möchte Nick auch nicht, dass wir preisgeben, dass auch wir den Fall untersuchen – Halten Sie kurz inne! Warten Sie hier!"

Chick hatte Patsy plötzlich am Arm gepackt und ihn in den Schutz einer Tür gezogen, die weniger als zwanzig Meter von der Tür entfernt war, die in das von Vic Clayton bewohnte Gebäude führte.

Der Anlass für diesen Schritt lag auf der Hand.

Als ich gerade um die Ecke der Boylston Street bog und mich dem erwähnten Gebäude näherte, stand ein riesiger Tourenwagen der neuesten Bauart, in dem sich nur zwei Frauen befanden.

„Beim Donner!" murmelte Patsy aufgeregt. „Das ist Badgers Frau, die dieses Auto fährt."

„Das sehe ich", sagte Chick kühler.

„Mit der Wahrsagerin?"

„Kein Zweifel. Sie antwortet auf Nicks Beschreibung von ihr."

"Gee Whiz!"

"Also?"

„Das ist nicht das Auto, das Badger und seine Frau heute Nachmittag benutzt haben", rief Patsy.

„ Das verstehe ich", sagte Chick und beobachtete das Paar immer noch. „Da steckt etwas dahinter."

„Darauf kannst du wetten!"

„Halten Sie jedoch Ihre Pferde, bis ich sehe, was die beiden Frauen vorhaben."

Mit geschickten Händen hatte Claudia Badger das riesige Auto in der Tremont Street gewendet und es dann am Bordstein gegenüber der Tür zum Stehen gebracht, die zu Vic Claytons Zimmern führte.

Dann stiegen beide Frauen absichtlich aus und betraten das Gebäude, wobei sie das Auto unbeaufsichtigt ließen.

Chick Carters Augen bekamen plötzlich einen hellen Glanz.

Sie waren auf einen großen Weidenkorb oder überdachten Korb gestoßen, der am Heck des Wagens angebracht war, um Gegenstände zu verstauen, die man auf einer langen Tour mitnehmen wollte. Der Korb war fast so groß wie eine kleine Truhe und die Oberseite war nur mit zwei Messingverschlüssen gesichert.

„Bei Gott, Patsy, hier ist die Chance deines Lebens!" rief Chick hastig aus.

"Wie meinst du das?" kam die eifrige Anfrage.

„Sehen Sie den Korb?"

"Sicher!"

„Glaubst du, dass du da reinkommst?"

Patsy brauchte keinen weiteren Hinweis auf den Entwurf in Chicks Kopf oder auf die Möglichkeit, die er bot. Mit schnell vor Eifer und Aufregung leuchtenden Augen antwortete er hastig:

„Sich darauf einlassen? Natürlich kann ich! Das Schema ist der Hammer! Es bringt mich mitten in diese Schurken. Komm schon, Chick, und –"

„Halten Sie einen Moment inne", warnte Chick. „Bitten Sie diesen Polizisten, Ihnen zu helfen, erklären Sie, wer Sie sind, und lassen Sie ihn alle Sachen wegnehmen, die sich möglicherweise im Wäschekorb befinden."

"Und du?"

„Ich werde nach oben stürmen und die beiden Frauen beschäftigen, bis ich sicher bin, dass Sie gut in Deckung sind."

"Gut genug!"

„Und heute Abend können Sie darauf zählen, dass ich Ihnen helfen werde", fügte Chick hinzu, „falls ich gebraucht werde."

"Das ist die Idee!" rief Patsy.

„Dann weg mit dir, während ich die beiden Frauen angreife."

Patsy eilte auf das verlassene Auto zu, in dessen Nähe zufällig ein Polizist stand und dessen Hilfe dieser schnell auf die von Chick vorgeschlagene Weise erhielt.

Chick eilte inzwischen in das Gebäude und hinauf zu den Räumen von Madame Victoria.

Er fand die beiden Frauen im Empfangssalon, Vic Clayton war damit beschäftigt, ihren Automantel gegen einen langen Umhang auszutauschen.

Nachdem sie Nick festgenommen hatten, waren sie wieder in die Stadt gefahren, nur um von den Bewohnern der Geschäfte in der Nähe gesehen zu werden, mit der Absicht, später bei Bedarf die Aussagen dieser Beobachter zur Unterstützung einiger Beobachter einzuholen plausible Geschichte, dass sie Nick zurück in die Stadt gebracht und ihn irgendwo zurückgelassen hätten.

Als beide Frauen hörten, wie Chick den Raum betrat, drehten sie sich überrascht zu ihm um.

„Ich bitte um Verzeihung, meine Damen", sagte er und verneigte sich. „Ich suche Madame Victoria."

„Ich bin sie", antwortete Vic und musterte ihn scharf.

„Mein Name ist Henderson, Madame."

„Was kann ich für Sie tun, Herr Henderson?"

„Ich suche nach einem Herrn, der heute Nachmittag hier gewesen sein soll und mit dem ich wichtige Geschäfte zu erledigen habe", erklärte Chick mit einer wohlüberlegten Absicht, Patsy die Zeit zu geben, die er unten benötigen würde.

Er bemerkte jedoch schnell den misstrauischen Glanz, der sofort in Vic Claytons Augen entstand, als er sein Geschäft erlernte, und fügte mit einiger Höflichkeit hinzu:

„Ich kann den Herrn nicht in seinem Hotel finden, Madame, und ich dachte, er wäre vielleicht noch hier."

„Wer ist der Herr?" fragte Vic mit gespielter Gleichgültigkeit.

„Sein Name ist Nick Carter."

„Ist er ein Freund von dir?"

„Nur ein Bekannter."

„Wie haben Sie erfahren, dass er hier war, Mr. Henderson?" fragte Vic und schenkte ihrem Fragesteller nun ein liebenswürdiges Lächeln.

„Ich wurde vom Hotelangestellten darüber informiert, dass Mr. Carter ihm gegenüber seine Absicht erwähnt hatte, hierher zu kommen."

"Ah. Ich verstehe."

„Ich habe gefolgert, dass Mr. Carter hierher gekommen ist, um Sie beruflich zu beraten, Madame, und ich dachte, sein Interview hätte möglicherweise bis jetzt gedauert."

Chick erkannte deutlich die Erleichterung, die seine kunstvolle Erklärung bei beiden Frauen ausgelöst hatte, und sie überzeugte ihn davon, dass er auf dem richtigen Weg war, verriet jedoch in keiner Weise seine Überzeugungen.

Keine der beiden Frauen hatte sich dem Fenster genähert, um hinauszuschauen, und Vic Clayton hatte inzwischen ihren Umhang zugeknöpft und schien es kaum erwarten zu können, aufzubrechen.

Chick wusste jedoch, dass Patsy seinen Plan zu diesem Zeitpunkt bereits umgesetzt haben musste, und es war ihm egal, wie schnell das Interview endete.

„Nun, Mr. Henderson, ich kann nicht sagen, wohin Mr. Carter gegangen ist", erwiderte Vic nachlässig. „Wir haben ihn jedoch erst vor kurzem an der Ecke Arlington Street abgesetzt."

„Von Ihrem Auto?"

"Jawohl."

„Möglicherweise werde ich ihn jetzt im Hotel finden."

„Ich halte es für sehr wahrscheinlich, Sir, denn nachdem er uns verlassen hatte, ging er in Richtung Washington Street", lächelte Vic und ging auf die Tür zu, die Claudia Badger bereits geöffnet hatte.

„Ich werde dorthin zurückkehren und nachsehen", sagte Chick und verneigte sich aus dem Raum. "Vielen Dank für Ihre Informationen."

„Erwähnen Sie es nicht, Sir", antwortete Vic mit einem kleinen Lachen, als sie und ihr Begleiter ebenfalls den Korridor betraten und die Tür hinter sich schlossen.

Chick trat höflich beiseite und ließ sie die Treppe hinuntergehen.

Ohne auch nur einen weiteren Blick auf ihn zu werfen, verfielen beide Frauen in ein konventionelles Gespräch, als sie zur Straße hinabstiegen.

Chick erreichte jedoch dicht hinter ihnen den Bürgersteig.

Der Tourenwagen stand immer noch am Bordstein – aber von Patsy war nirgendwo etwas zu sehen.

Der Polizist blieb in der Nähe stehen, mit gleichgültiger Miene und einem leeren Blick auf den gegenüberliegenden Common.

Aus einiger Entfernung blickten einige neugierige Beobachter auf das Auto und fragten sich, was sie gesehen hatten, aber der Beamte hatte sichergestellt, dass sie zu weit entfernt waren, um Aufmerksamkeit zu erregen.

Keine der beiden Frauen bemerkte sie, als sie den Bürgersteig überquerte und schnell in das Auto stieg.

Im nächsten Moment war es unterwegs, mit Claudia Badger am Steuer, und raste nun die Boylston Street entlang.

Chick wandte sich nun an den Polizisten, der ihn mit einem vielsagenden Grinsen empfing.

„Was sagen Sie, Offizier?" fragte Chick.

„Er ist in Ordnung, Sir", lautete die Antwort.

„Im Wäschekorb?"

"Das ist, was."

„War es leer?"

„Da ist nichts drin, Sir."

„Für ihn war das eine enge Angelegenheit, nicht wahr?"

„Eher", lachte der Beamte. „Aber er hat die Verschlüsse so befestigt, dass er aussteigen kann, wann immer er will, und es wird ihm nicht so schlecht ergehen. Was ist der Job, Mr. Carter?"

„Wenn alles gut läuft, Officer, können Sie vielleicht etwas lernen, indem Sie die Zeitungen von morgen früh lesen", erwiderte Chick demonstrativ, als er sich umdrehte, um zu gehen. „Ich kann es kaum erwarten, Sie zu informieren, denn ich habe jetzt woanders eine eigene Arbeit.“

Er dachte an Badgers Haus und daran, was dem unerschrockenen jungen Detektiv passieren könnte, der dann auf die beschriebene gefährliche Art und Weise dorthin raste.

Zehn Minuten später jedoch war auch Chick mit einem Revolver in jeder Hüfttasche auf dem Weg nach Brookline.

Kapitel XVI.
Eine schreckliche missliche Lage.

Patsy hielt den Atem an.

Es war ein Roman und manchmal auch ein aufregendes Gefühl, mit dreißig Meilen pro Stunde in einem Korbkorb auf dem Heck eines Autos zu fahren.

Zeitweise lief das Auto ruhig und schnell; bei anderen holperte es heftig über eine rauere Straße.

Es war nicht dunkel in dem korbähnlichen Gefäß, in das Patsy sich einigermaßen zusammengepfercht hatte, doch das Korbgeflecht war so kompakt, dass er nicht hinaussehen konnte, wenn er nicht den Deckel anhob, und das wagte er auch nicht.

Aufgrund des ständigen Fahrzeuglärms konnte er auch nichts hören, was die beiden Frauen auf dem Vordersitz sagten.

Er wusste jedoch, dass er auf dem Weg zu Badgers Haus war und Nick Carter zu Hilfe eilte, und das war für Patsy bis zu diesem Zeitpunkt ausreichend.

Nach einer halben Stunde Fahrt, soweit er es beurteilen konnte, spürte der verkrampfte und verdrehte junge Detektiv, wie das Auto in einer schnellen Kurve von der direkten Straße abkam, der es gefolgt war, und auf einer viel weniger glatten und gleichmäßigen Strecke dahinraste.

„Wir haben die Laurel Road betreten", vermutete er zu Recht. „In fünf weiteren Minuten sollten wir bei Badger ankommen. Vorausgesetzt, dass ich nicht in dieser höllisch engen Kiste entdeckt werde, kann es sein, dass ich dort etwas höre, das meinen Zweck erfüllt. Wenn ich definitiv erfahren kann, dass Nick hier draußen ist, und dann herausfinden kann, wo er sich aufhält, sollte der Rest der Arbeit ziemlich einfach sein."

Der tapfere junge Mann dachte nicht einmal darüber nach, was auch immer sein eigenes Risiko sein mochte.

Plötzlich drehte sich das Auto wieder und begann langsamer zu werden, und einen Moment später, als das Geräusch des Motors nachließ, konnte Patsy deutlich hören, wie Vic Clayton ihren Begleiter ansprach.

„Da ist Amos auf der Seitenveranda, Claudia", rief sie zufrieden.

„ Das verstehe ich, Vic", war die Antwort.

„Hier draußen muss noch alles in Ordnung sein, altes Mädchen, denn er scheint es ruhig angehen zu lassen und raucht eine Zigarre.“

„Ich werde diese Seite des Hauses umrunden, bevor ich mit dem Auto zum Stall fahre“, sagte Claudia.

„Du kannst mich auch dort absetzen.“

„Wir werden dort beide anhalten und Amos das Auto unterbringen lassen. Ja, ich denke, dass hier draußen alles in Ordnung ist, wie Sie sagen.“

„Sie werden sich bald verschlechtern, darauf wette ich mein Leben“, dachte Patsy mit düsteren Erwartungen.

Es war dann fast sieben Uhr und die Dämmerung des frühen Abends hatte begonnen zu sinken.

Als sich das Auto der Seitenveranda näherte und anhielt, erhob sich Badger von seinem Stuhl und ging zu den Stufen, die zur Auffahrt hinunterführten.

Obwohl seine dunklen Gesichtszüge einen Ausdruck böser Selbstgefälligkeit zeigten, sprach er seine Frau sofort in einem eher unruhigen Tonfall an.

„Nun, wie lautet das Urteil?“ er hat gefragt.

„Alles in Ordnung, Amos“, rief sie, als beide Frauen aus dem Auto stiegen.

„Hast du bei deinen Zimmern angehalten, Vic?“

„Sicherlich“, lachte dieser. „Ist dir nicht aufgefallen, dass ich meinen Mantel gewechselt habe?“

„Ah, ja, ich verstehe.“

„Ich habe das nur getan, um anzudeuten, dass wir ein Motiv für den Besuch der Räume hatten“, fügte sie leichthin hinzu. „Wir hatten auch Besuch, als wir dort waren.“

"Wer war das?"

„Ein Kerl namens Henderson.“

„Henderson?“

„Das hat er gesagt, Amos, und nach wem, glaubst du, hat er sich erkundigt?“

„Nicht Nick Carter!" rief Dachs und zog schnell die Brauen zusammen.

"Keine andere."

„Der Teufel, sagst du! Da könnte etwas dahinterstecken."

„Nichts, was uns betrifft, schätze ich", erklärte Vic selbstbewusst.

„Warum bist du dir dessen so sicher?"

„Weil er vom Angestellten des Hotels, in dem Carter übernachtete, zu meinen Zimmern geschickt wurde und dem gegenüber er erwähnt hatte, dass er zu mir kommen würde. Er wollte ihn lediglich geschäftlich sehen, Amos, und konnte ihn nicht finden."

Das letzte wurde mit großer Bedeutung und einem lauten, spöttischen Lachen gesagt, in das sich nun auch Amos Badger einstimmte.

„Ich habe ihn nicht gefunden, was?" rief er achselzuckend. „Nun, wenn ihn nach morgen jemand findet, Vic, werde ich einen festen Platz in der hinteren Reihe einnehmen."

Wie man schließen kann, fand dieses Gespräch einige Zeit vor dem Interview mit Nick selbst statt, wie in einem früheren Kapitel beschrieben.

„Du meinst, du wirst in diesem Steinhotel in der Charles Street Platz nehmen, zusammen mit uns allen", entgegnete Vic unverblümt.

„Du bist bald da!" dachte Patsy, die aufmerksam zuhörte, was gesagt wurde.

Auf den Wäschekorb, der äußerlich kein ungewöhnliches Aussehen hatte, war kein einziger Blick geworfen worden, und Patsy fühlte sich in seinem Versteck einigermaßen sicher.

Das Ende war jedoch noch nicht.

„Was hast du mit ihm gemacht, Amos?" fragte Claudia jetzt, als Badger die Stufen herunterkam, um mit dem Auto in Deckung zu fahren.

„Mit Carter?"

"Ja natürlich. Wir machten uns auf den Weg in die Stadt, wissen Sie, sobald wir ihn sicher hier gelandet hatten."

„Conley hat jetzt die Verantwortung für ihn", sagte Badger.

"Wo?"

„Im alten Weinkeller."

„Wirst du ihn dort einsperren?"

„Ja, bis ich ihm Schlimmeres antue."

„Ist er zu sich gekommen?"

„Noch nicht", antwortete Badger prompt. „Das waren drei hässliche Schläge, die Vic ihm versetzt hat."

„Ich habe kein Risiko eingegangen, indem ich meine Pflicht nicht erfüllt habe", warf Vic mit einem grausamen Lachen ein.

„Sie hätten ihn mit Sicherheit getötet, Vic, wenn sein Kopf nicht so zäh und hart wäre wie der eines Schwarzen."

„Dann wäre er uns auf jeden Fall aus dem Weg gegangen."

„Conley wird ihn bald wiederbeleben lassen, denke ich, und dann werden wir mit ihm reden und ihn zwingen, zu gestehen, was gegen uns getan wird", fügte Badger hinzu und näherte sich dem Auto. „Ich werde die Maschine verstauen, während ihr beide hineingeht und euer Abendessen isst. Es liegt bereits auf dem Tisch."

„Hatten Sie Ihres?"

"Ja."

„Schicken Sie Jerry hierher, um uns zu sagen, wann sein Patient wieder auflebt", rief Vic Clayton, als sie die Stufen hinaufstieg. „Ich möchte da rausgehen und ihn mir ansehen."

„In Ordnung", knurrte Badger, als er ins Auto sprang.

Dann betraten die beiden Frauen das Haus.

Im nächsten Moment startete das Auto erneut mit einem Surren und Rumpeln, und Patsy schätzte die Situation im Geiste ein, als er sie sah.

„Wir haben den Nagel auf den Kopf getroffen", sagte er sich. „Diese Gauner sind alles, was wir vermutet haben, und sie haben Nick hier draußen eingesperrt, nachdem sie ihn auf den Kopf geschlagen haben. Sie werden jedoch mit Zinsen für die ihm zugefügten Schläge entlohnt, so sicher, wie die Sonne im Westen untergeht.

„Im alten Weinkeller eingesperrt, was? Ich frage mich, wo sich das befindet. Offensichtlich hat es nichts mit dem Keller des Hauses zu tun, denn die Wahrsagerin will irgendwo hingehen, um Nick zu sehen.

„Conley ist ganz klar der Stallknecht, den wir heute gesehen haben, und da Nick für ihn verantwortlich ist, ist es eine gute Wette, dass sich der erwähnte Tresorraum entweder im Keller des Stalls oder in dem langen

Kutschenhaus befindet, das daran angrenzt. Ich wette, dass ich es schnell finde, geben Sie mir eine halbe Chance."

"Hallo! was bedeutet das?"

Patsy hatte plötzlich gespürt, wie das Auto heftig schlingerte, zur Seite schwankte und dann nach vorne stürzte, als würde es einen steilen Abhang hinunterfahren.

„Wir können nicht direkt in den Stall gehen", überlegte er schnell. „Der Zulauf dorthin ist eben, aber wir steigen an einer kurzen, steilen Stelle hinab."

"Von Jove! Ich habe es. Badger fährt mit dem Auto irgendwo hin, von wo Conley heute Mittag das Auto mitgebracht hat, von dem Chick sicher war, dass es nicht aus dem Stall gekommen war. Diese Gauner müssen ein geheimes Versteck für ihre verschiedenen Autos und Pferde haben, und Badger will dieses hier hineinbringen. Zum Glück werde ich jetzt alles darüber wissen."

Patsy hatte mit diesen Vermutungen Recht.

Badger hatte den Wagen um eine Ecke des Stalls gelenkt und dann zu einem kurzen Zaun hinuntergefahren, der den Raum unterhalb des Gebäudes abschloss, das an einem Hang des Grundstücks stand.

In diesem Zaun befand sich eine Tür, die ungefähr breit genug war, um den Wagen hineinzulassen, und Badger sprang schnell herunter, um sie zu öffnen.

Als dieser dies tat, drang ein Geräusch an Patsys Ohren, das ihm trotz der starken Nerven und des unbesiegbaren Mutes des jungen Detektivs das Blut in den Adern gefrieren ließ.

Das Geräusch war das plötzliche bedrohliche Bellen eines Hundes, der damals in dieser Tiefgarage eingesperrt war.

„Beim Donner! Es ist dieser kubanische Bluthund!" war Patsys geistiger Ausruf.

Er empfand einen Schauer der Bestürzung, als er sich nun an das riesige Tier erinnerte, an das er nicht ein einziges Mal gedacht hatte, seit er das gefährliche Unterfangen auf sich genommen hatte, in das er jetzt hilflos geraten war.

„Wenn ich der Entdeckung durch seine hässlichen Nasenlöcher entgehe , werde ich Glück haben", sagte er sich. „Wenn er mich wittert, bevor ich irgendeine Anstalt machen kann, aus diesem Korb zu entkommen, werde ich mit Sicherheit eine verlorene Gans sein."

Diese Gedanken gingen Patsy schnell durch den Kopf, während Badger die erwähnte Tür öffnete.

Dann kam der Hund heraus, fast so groß wie ein kleines Kalb, sprang um seinen schelmischen Herrn herum und bellte wütend.

"Gee Whiz! „Das ist ein angenehmer Klang", murmelte Patsy mit einem unbändigen Schaudern.

„Runter, Pluto!" brüllte Dachs wütend. „Bleib unten, sage ich! Mach deine Falle zu, du Rohling, sonst breche ich dir jeden Knochen deines hässlichen Körpers. Verschwinde, du Mistkerl!"

Mit dem letzten dieser Ausrufe wurde dem riesigen Hund ein heftiger Tritt in die Rippen versetzt, der ihn aufschreien ließ, über den Rasen, woraufhin Patsy erleichtert aufatmete.

„Zumindest für ein paar Minuten bin ich in Sicherheit", entschied er.

Dann hörte er Badger befehlend rufen:

„Hier, Conley! Kommen Sie mit der Laterne hierher, damit ich sehen kann, wie ich in diesem Auto fahre. Schau lebhaft aus, alter Kumpel!"

Patsy fragte sich, warum er so laut geschrien hatte, und nun wagte er es, den Korbdeckel etwa einen Zentimeter anzuheben und hinauszuschauen.

Ein schwach beleuchteter Keller begegnete seinem Blick. Es war nicht größer als zwanzig Fuß im Quadrat, mit den steinernen Grundmauern des Stalls auf zwei Seiten, der offenen Tür auf einer dritten, während die vierte und innere Seite wie eine solide Holzschottwand aussah.

Der Boden bestand aus blankem Boden, und der Raum war offensichtlich zum Verstauen eines Autos gedacht.

„Hier ist das Auto heute Mittag hergekommen, das ist klar", dachte Patsy. „Doch Nick muss sich irren, wenn er denkt, dass die Schurken so viele Autos besitzen, denn ich habe nur zwei gesehen. Für mehr als diese Zahl ist dort kein Platz."

Der letzte Gedanke war ihm jedoch kaum in den Sinn gekommen, als Patsy seinen Fehler entdeckte und auch, warum Badger so laut geschrien hatte.

Plötzlich flog eine geheime Schiebetür in der inneren Trennwand auf und gab den Blick auf eine lange Erweiterung des Kellers frei, die sogar unter dem Kutschenhaus neben dem darüber liegenden Stall verlief.

In diesem geheimen Anbau, der so geschickt konstruiert war, dass er weder von innen noch von außen entdeckt werden konnte, erblickte Patsy nun ein halbes Dutzend Motoren, die an einer der Seitenwände aufgereiht waren, jeder von einer anderen Marke als die anderen und alle offenbar in erstklassigem Zustand.

„Beim Donner! Damit ist die Sache geklärt, und Nick hatte Recht", überlegte er. „Das sind die verschiedenen Autos, die diese Schurken für ihre nächtlichen Überfälle benutzt haben. Dieser äußere Keller ist nur eine Blende, um das andere zu verbergen."

Die Hauptfigur, die Patsys Aufmerksamkeit sofort erregte, war jedoch Jerry Conley.

Als Reaktion auf Badgers Ruf war er in der Geheimtür aufgetaucht und trug in einer Hand eine brennende Laterne und in der anderen eine Flasche Brandy.

„Nun, was sagst du, Jerry?" fragte Badger, als der andere auf ihn zukam.

„Jetzt geht es ihm gut", knurrte Conley und stellte die Laterne ab.

„Hast du ihn zurück auf die Erde gebracht?"

„Fast fast. In ein paar Minuten wird er er selbst sein."

"Gott sei Dank!" dachte Patsy inbrünstig. „Das bezieht sich auf Nick."

„Dann wird er nicht krächzen?" fragte Badger, als wäre er etwas enttäuscht.

"Dieses Mal nicht; „Obwohl ich denke, dass es gut für uns wäre, wenn er es täte", knurrte Conley.

„Helfen Sie mir, dieses Auto einzufahren, dann werde ich mit ihm reden."

Patsy senkte den Kopf und ließ den Deckel des Korbs fallen.

Dann spürte er, dass die beiden Männer das Auto an den Seiten gepackt und weit in den Außenkeller gezogen hatten.

„Alles in Ordnung in der Stadt?" fragte Conley.

"Ja."

„Sind beide Frauen rausgekommen?"

"Sicher."

„Ich denke, es wäre ein guter Plan, heute Abend eine Party zu veranstalten", erklärte Conley jetzt.

„Warum?" fragte Badger.

„Es würde der Polizei zeigen, dass die unbekannten Straßenräuber nicht durch irgendeinen Schritt von Nick Carter gestört wurden, und wenn sich herausstellt, dass er vermisst wird, würden wir natürlich keinen Verdacht erregen."

„Da ist etwas dran."

„ Sicher gibt es das."

Aber Badger schüttelte plötzlich den Kopf.

„Heute Abend nicht, Jerry", sagte er entschieden. „Mit diesem höllischen Detektiv haben wir für heute Abend schon genug zu tun. Außerdem bin ich mit dem, was ich heute zu tun hatte, fast voll dabei."

„Das wundert mich nicht", grinste Conley.

„Wir werden die Verzögerung bis morgen verkürzen", fügte Badger hinzu. „Du gehst zum Haus und sagst Vic, dass Carter wiederbelebt ist. Sie möchte herauskommen und ihn sehen. In der Zwischenzeit nehme ich die Laterne und gehe mit ihm reden."

„Was ist mit der Beleuchtung dieser Wandlampe los?"

„Es kann nicht schaden, Jerry. Zünde es an, wenn du möchtest."

Badger nahm die Laterne, während er sprach, schritt in den Keller und schloss die Schiebetür hinter sich.

Conley zündete ein Streichholz an, zündete eine Öllampe an, die in einer Halterung an der Wand befestigt war, und eilte dann hinaus und über den Rasen.

„Jetzt ist meine Zeit!" dachte Patsy. „Wenn ich in den inneren Keller komme und Amos Badger hinuntergehe, wird der Rest kinderleicht sein!"

Er hob den Kopf ein wenig, um den Deckel des Wäschekorbs anzuheben.

Dann blieb er plötzlich stehen und hielt den Atem an.

Das Geräusch leiser Füße auf dem Boden in der Nähe hatte sein Ohr erreicht.

Dann erklang ein wütendes Schnüffeln am Korbgeflecht des Wäschekorbs.

Unmittelbar darauf folgte ein langes, tiefes, drohendes Knurren, das einem Messingbild einen Schauer über den Rücken jagte.

„Schon wieder dieser höllische Bluthund!" dachte Patsy mit einem hässlichen Kribbeln in allen seinen Nerven. „Beim Donner! Das ist schlimmer, als von einem Mann aufgehalten zu werden – oder von einem halben Dutzend Männern! Was wird das verfluchte Tier wohl tun?"

Kapitel XVII.
EINE KRISE.

Der Bluthund schnüffelte und knurrte weiter.

Patsy blieb weiterhin tief liegen und hielt den Atem an.

Er wusste, dass es von diesem Moment an Ärger geben würde, wenn er sich öffentlich zeigen würde – und zwar den schlimmsten Ärger.

Er hoffte, dass das wilde Tier bald seine Neugier befriedigt hätte und es sich dann in den Kopf gesetzt hätte, ins Freie zurückzukehren.

Aber der Hund tat nichts dergleichen.

Offensichtlich wusste er, dass etwas nicht stimmte, und sein Wachhundinstinkt trieb ihn dazu, an der vermuteten Stelle zu bleiben.

Er fing an, in der Nähe des Hecks des Tourenwagens auf einer Strecke von etwa zwei Metern hin und her zu traben , wie ein gereizter Löwe in einem Käfig.

Bei jeder Drehung, die er machte, blickte er mit seinen rollenden roten Augen zum Wäschekorb auf und gab sich einem leisen, drohenden Knurren hin.

Es war so viel wie zu sagen: „Komm nicht raus, sonst mache ich eine Mahlzeit aus dir!"

Seine riesigen Kiefer hingen auseinander und waren mit Schaum bedeckt, und Patsy, die es einmal wagte, zu ihm hinauszuschauen, gefiel sein Aussehen nicht.

„Er würde in weniger als zehn Sekunden Hackfleisch aus mir machen, wenn ich es wagen würde, da rauszuspringen", sagte er sich mit grausigen Bedenken. „Aber wenn ich hier bleibe und er dort, werde ich von diesen Gaunern so gut wie entdeckt. Ich bin gesegnet, wenn sich das nicht zu einer gewaltigen, hässlichen Situation entwickelt hat."

Tatsächlich sah er keinen unmittelbaren Ausweg.

Er war auf engstem Raum so eingeengt und verdreht, dass er seinen Revolver nicht ziehen konnte, ohne im Wäschekorb aufzustehen, und er wusste, dass der Hund ihn sofort angreifen würde, wenn er es wagen würde.

Darüber hinaus waren seine Muskeln so verkrampft, dass er wusste, dass er sich nach seiner Freilassung einige Momente lang nicht zu seinem Vorteil bewegen konnte.

Er erkannte außerdem, dass der Knall seines Revolvers, falls er versuchte, auf den Hund zu schießen, Badger und seine Verbündeten schnell an den Ort bringen würde und dass das Ergebnis möglicherweise für ihn selbst oder zumindest für Nick tödlich sein könnte beabsichtigt, die gesamte Bande in die Enge zu treiben und zu verhaften.

So blieb die Situation mehr als fünf Minuten lang in Flammen, Patsy wartete und wunderte sich, während der Bluthund immer noch knurrte und etwa zwei Meter entfernt auf und ab trabte .

Zu dieser Zeit führte Badger, wie bereits erwähnt, sein Gespräch mit Nick.

Plötzlich hörte Patsy, wie Conley in Begleitung der beiden Frauen zurückkam.

Obwohl alle drei den Hund beobachteten, achteten sie nicht sofort auf seine Bewegungen, sondern eilten sofort in den inneren Keller und zu der Gruft, in der Nick eingesperrt war.

Patsy betete innerlich, dass der Hund ihnen folgen würde, aber sein Gebet erwies sich als vergeblich.

Der Bluthund kannte sein Geschäft.

Er trottete und knurrte weiter, ließ ab und zu aus Ablenkung oder Vorfreude seine riesigen Kiefer schnappen, während seine roten Augen die ganze Zeit über auf den Korbkorb gerichtet waren.

Patsy biss vor ohnmächtiger Wut die Zähne zusammen.

Nach weiteren fünf Minuten hatte er jedoch entschieden, was zu tun war.

Er beschloss, den Hund zu erschießen und das Risiko einzugehen, ihn mit einem einzigen Schuss zu töten, dann aus dem Korb zu springen und die Bande im Innenkeller mit einer Hand anzugreifen.

Conley hatte die Schiebetür offen gelassen, nachdem er mit den Frauen eingetreten war, und Patsy glaubte, eine einigermaßen gute Aussicht zu sehen, selbst einen so verzweifelten Schachzug wie den, den er jetzt in Betracht zog, zu einem Erfolg zu bringen.

Nachdem er sich grimmig mit der Aufgabe beschäftigt hatte, kroch er nun ein wenig im Wäschekorb herum und versuchte, seinen Revolver aus seiner Gesäßtasche zu befreien.

Der Bluthund verdoppelte sofort sein Knurren.

„Du wirst gehängt!“ murmelte Patsy verärgert. „Ich werde dich gleich mit einem Stück Blei zum Schweigen bringen.“

Es war ihm gelungen, den Griff seines Revolvers zu ergattern.

Bevor er jedoch die Waffe aus seiner Tasche ziehen konnte, ertönte die schrille Stimme von Vic Clayton durch den Keller, als sie und Claudia Badger aus dem inneren Anbau eilten.

„Was ist mit Pluto los?“ sie weinte, als sie näher kam.

„Hier draußen stimmt etwas nicht“, erklärte Claudia.

In dem Moment, als der Hund seinen Namen hörte, kamen alle verhaltenen Leidenschaften und wilden Instinkte des Tieres heftig zum Einsatz.

Mit gewaltigem Knurren und Bellen sprang er auf den Korb zu und krallte ihn mit aller Macht an, als ob er darauf aus wäre, alles zu verschlingen, was er enthielt.

Patsy wollte kein Risiko eingehen, bei einem heftigen Biss des Tieres sein halbes Gesicht zu verlieren, und so senkte er sofort den Kopf und ging tiefer in die Hocke.

„Es ist alles aus!“ war der Gedanke, der ihm durch den Kopf schoss. „Ich bin jetzt gezwungen, ein Bluffspiel anzustellen.“

Die Schreie der beiden Frauen vermischten sich nun mit dem wütenden Gebell des Bluthundes, und Vic Clayton schrie erschrocken:

"Komm hier raus! Komm hier raus, Amos! Mit diesem Hund stimmt etwas nicht. Ich glaube, er ist verrückt geworden.“

Bevor das letzte Wort ausgesprochen wurde, kamen sowohl Badger als auch Conley aus dem inneren Keller gestürmt.

Die beiden Männer ahnten sofort, was die Taten des Unmenschen bedeuteten, und stürmten beide auf das Auto zu.

„Wahnsinnig geworden, gehängt werden!“ schrie Dachs. „Mit dem Korb stimmt etwas nicht, nicht mit dem Hund.“

„Das stimmt, Amos“, schrie Conley.

„Ah, das dachte ich mir! Verschwinde, du Unmensch, sonst mache ich dir eins! Was zum Teufel haben wir hier?“

Badger hatte dem aufgeregten Kerl einen zweiten Tritt in die Rippen verpasst, der ihn erneut laut aufschreien ließ, sehr zu Patsys Erleichterung, trotz der plötzlichen Veränderung der Situation.

Gleichzeitig öffnete Conley den Deckel des Wäschekorbs und gab den Blick aller auf den beengten Zustand des Detektivs frei.

Im Nu packten ihn beide Raufbolde an der Kehle und an den Handgelenken.

"Festhalten!" keuchte Patsy, kämpfte darum, aus seiner verkrampften Position aufzustehen und nahm sofort an, der Verletzte und nicht der Täter zu sein.

"Komm hier raus!"

„Klar, ich komme raus", jammerte Patsy, als er auf den Boden gerissen wurde, sich aber immer noch in den Fängen beider Männer befand. „Sagen Sie, das ist keine Möglichkeit, einen Kerl zu benutzen. Lass meine Kehle los, ja? Ich werde niemanden auffressen. Ach du meine Güte! Aber ich bin froh, dass du den Hund vertrieben hast. Ich dachte auf jeden Fall, ich wäre tot."

„Du wirst schon tot sein, junger Mann, es sei denn, du stehst auf und gibst Rechenschaft über dich ab", schrie Badger heftig. „Halten Sie sich an seinen Armen fest, Conley, für den Fall, dass er Unheil anrichtet. Gib mir den Streifen Seil, Vic, und ich mache ihn im Handumdrehen schnell. Schau lebhaft aus, sage ich!"

Während dieses Gesprächs im Gange war, wurde Patsy unsanft auf die Füße gerissen, nur um einige Augenblicke lang festzustellen, dass er kaum aufrecht stehen konnte, so angespannt und verkrampft waren seine Muskeln.

Conley hatte inzwischen die Arme des Gefangenen nach hinten gedreht und hielt sie dort mit dem Griff eines Schraubstocks fest.

Badger hatte jedoch Patsys Kehle befreit, und mit dem Stück Seil, das Vic Clayton ihm eilig gebracht hatte, fesselte er schnell die Arme und Handgelenke des Detektivs hinter sich.

„Jetzt gib Rechenschaft über dich", befahl er grimmig und schüttelte seine geballte Hand unter Patsys Nase.

„ Natürlich werde ich das tun, Herr, da ich in meiner eigenen Kiste gefangen bin", sagte Patsy jetzt und musterte mit einem lächerlichen Grinsen die stirnrunzelnden Gesichter um ihn herum. „Aber ich wäre schon lange unterwegs gewesen, Herr, wenn dieser höllische Hund nicht gewesen wäre."

„Raus und weg, ja?“ rief Dachs und holte diese eine wichtige Bemerkung auf.

„Das ist es, Herr.“

„Was hast du in diesem Korb gemacht?“

„Nur eine Mitfahrgelegenheit stehlen.“

„Eine Mitfahrgelegenheit stehlen?“ wiederholte Badger ungläubig.

„Das war alles, Herr, die ganze Sache.“

"Du bist ein Lügner!" knurrte Conley, äußerst misstrauisch.

„Sagen Sie, Sie überlassen es mir, mich mit dem Chef dieses Lokals abzufinden, ja?“ knurrte Patsy und wandte sich nun dem Iren zu. „Ich bin doch nicht auf eines deiner Hühneraugen getreten, oder? Also überlassen Sie mir die Gespräche mit dem Chef.“

„Ich werde dir kein Standbein hinterlassen, wenn du –“

„Halt die Klappe, Jerry!“ befahl Badger scharf. „Wie lange warst du schon im Wäschekorb, Junge?“

„Den ganzen Weg aus der Stadt, Herr.“

"Unsinn!" rief Vic Clayton und drängte sich nun näher. „Ich weiß es besser.“

„Sicher, Ma'am, ich widerspreche einer Dame wie Ihnen nicht gerne, aber Sie werden feststellen, dass ich recht habe“, beharrte Patsy und verneigte sich mit einer lächerlichen Zurschaustellung von Demut vor ihr.

„Willst du damit sagen, dass du in diesem Korb aus der Stadt gefahren bist?“ forderte Vic.

„Das habe ich getan, Ma'am.“

„Was hat Sie dazu veranlasst?“ rief Dachs drohend.

Patsy grinste erneut.

„Nun, es war so, Herr, sehen Sie “, erklärte er mit einer Miene bescheidener Offenheit. „Ich ging mit einem meiner Kameraden die Tremont Street entlang – Jones, sein Name ist, Mister, und meiner ist Green.“

„Komm zur Sache, du Schlingel“, knurrte Badger ungeduldig.

„ Klar werde ich das tun, Herr, wenn Sie mir Zeit geben.“

„Wenn du das nicht tust, schenke ich dir etwas außer Zeit.“

„ Das war so, verstehst du ?" fuhr Patsy kühl fort. „Wir sahen dieses große Auto am Bordstein in der Tremont Street und Nosey, den wir Jones nennen, weil sein Schnabel so groß ist – Nosey hat mit mir um fünf gewettet, dass ich es nicht gewagt habe, in den Wäschekorb zu steigen und eine Mitfahrgelegenheit zu stehlen."

„Das hat er, was?" höhnte Badger mit einem hässlichen Glanz in seinen forschenden Augen.

„Das hat er getan, Sir", nickte Patsy. „Ich hatte gesehen, wie diese beiden Damen das Gebäude in der Nähe betraten, also sagte ich mir, ich würde noch Zeit haben, mich in den Wäschekorb zu zwängen, bevor sie herauskamen. Ich dachte, es sei ein Kinderspiel, auf diese einfache Weise einen Fünfer zu gewinnen. Als ich also feststellte, dass es leer war, Herr, bin ich reingesprungen, und hier bin ich – der, der ich nicht sein würde, nur für diesen Hund, ich gebe Ihnen mein blühendes Wort."

„Dein blühendes Wort schneidet bei mir kein Eis", erklärte Conley jetzt mit einem wütenden Knurren. „Ich werde diese Geschichte nicht schlucken, Badger, nicht über dein Leben. Es ist viel wahrscheinlicher, dass er mit seinen Leuten dort drüben zusammenarbeitet, und vielleicht gibt es hier im Moment noch mehr von der gleichen Art."

Diese von Conley vorgeschlagene Möglichkeit blieb nicht ohne unmittelbare Wirkung auf Badger, der sich schnell an die wartenden Frauen wandte und scharf rief:

„Geht rüber zum Haus, ihr zwei, und wir bringen diesen Schurken dorthin und befragen ihn weiter. Du, Jerry, mach die Schiebetür zu. Den anderen lassen wir dort, wo wir ihn haben. Er kann sicher nicht raus, und ich werde nicht das Risiko eingehen, dass es noch andere gibt, die uns an diesem Ort sehen. Wir gehen rüber zum Haus und lassen uns bei diesem jungen Jungen nieder."

„Das ist am sichersten", nickte Conley und beeilte sich, zu gehorchen.

„Du kannst diese Öllampe brennen lassen, Jerry", fügte Badger hinzu, als er Patsy am Kragen packte und ihn zur Tür führte. „Möglicherweise müssen wir noch einmal hierherkommen."

„Ich werde es nicht veröffentlichen."

„Aber sichern Sie diese Tür nach Ihnen."

"Sicher! Glaubst du, ich bin dumm genug, es offen zu lassen?"

Mit der letzten Bemerkung kam Conley aus dem Keller und schloss die schwere Tür, so dass der gesamte Raum nur von der Öllampe an der Wand schwach erleuchtet wurde.

Von außen betrachtet schien der ganze Stall in Dunkelheit gehüllt zu sein.

Als die drei über den Rasen zum Haus gingen, Patsy im Griff beider Männer, sprang der riesige Bluthund über das Gras, als wolle er sie begleiten – oder Patsy den Garaus machen.

Badger hielt ihn jedoch schnell zurück und befahl ihm streng:

„Hau ab, Pluto! Weg mit dir und pass auf, du Unmensch! Pass auf, sage ich!"

Der Hund schien zu verstehen. Er senkte seine schwarze Nase auf den Boden, stieß einen kurzen, scharfen Schrei aus und rannte dann mit der Geschwindigkeit eines Hirsches hin und her und schließlich auf den Waldgürtel zu, der sich dunkel vor dem Sternenhimmel im hinteren Teil des weitläufigen Anwesens abzeichnete .

„Er wird uns benachrichtigen, Jerry!" knurrte Badger, während sein Griff unbewusst den Kragen des Detektivs festigte. „Lassen Sie Pluto dafür in Ruhe. Er wird uns sofort benachrichtigen, wenn sich heute Nacht andere Fremde hier in der Nähe aufhalten.

Dass Patsy über das wahre Detektivgenie verfügte, das kommende Ereignisse instinktiv vorhersieht, zeigt sich in dem Gedanken, der ihm schnell in den Sinn kam:

„Das wird er, was? Ich kann sein Ende sehen, wenn er heute Abend auf Chick Carter trifft!"

Kapitel XVIII.
EIN LETZTER AUSWEG.

„Durchsucht ihn!" befahl Dachs streng. „Wir werden sehen, was das bringt. Durchsuche ihn, Conley, und sieh, was du finden kannst!"

Der Schauplatz war die Küche der Dachswohnung.

Fünfzehn Minuten waren vergangen, seit Patsy zusammengetrieben und dorthin gebracht worden war, und die Viertelstunde war darauf verwendet worden, ihn mit Fragen zu überhäufen, um die listige Geschichte aufzuschlüsseln, die er erzählt hatte und an der er mit einer Hartnäckigkeit festhielt, die aus bewusster Verzweiflung entstand.

Er stand jetzt mit dem Rücken zu einer der Küchenwände, im vollen Glanz des Lampenlichts.

Seine Arme waren immer noch auf dem Rücken gefesselt, und sein Kragen und seine Krawatte waren durch die Würgegriffe, die er erhalten hatte, schief.

Sein Gesicht war gefasst, jedoch nicht einmal blass, und seine Augen waren scharf und strahlend mit jenem innewohnenden Mut und unbesiegbarer Entschlossenheit, die ihn jeder bedrohlichen Situation überlegen und überaus würdig machten, Nick Carters vertrauenswürdiger Mitarbeiter und Assistent zu werden.

Die Bande, die ihn so seltsam in die Enge getrieben hatte, saß im Raum herum.

Sowohl Badger als auch Conley wirkten streng und hässlich und zeigten den Geisteszustand, in dem Angst und Misstrauen mit Unsicherheit kämpfen.

Die beiden Frauen, Mrs. Badger und Vic Clayton, wirkten blass und besorgt, als hätten sie Angst, dass ihre abenteuerliche Karriere ernsthaft unterbrochen werden könnte.

Doch alle vier, darunter auch eine dunkelhäutige Frau mittleren Alters, die im Haus arbeitete, betrachteten Patsy mit Augen und Ausdrucksformen, die so bedrohlich waren, dass sie jemanden beeindruckt hätten, der weniger kühl, gelassen und jeder persönlichen Gefahr trotzig gegenüberstand.

Wie bereits erwähnt, waren fünfzehn Minuten vergangen, und von diesem Zeitpunkt an gingen die Dinge entschlossen und schnell voran, wobei alle Energien dieser meisterhaften Detektive instinktiv auf einen letzten

Schritt konzentriert waren, von dem jeder wusste, dass es sich um einen letzten Schritt handelte, und alle darauf hinarbeiteten, den einen wünschenswerten Höhepunkt ihrer Zusammenarbeit herbeizuführen Bemühungen.

Als Reaktion auf Badgers Befehl sprang Conley auf und begann, Patsy zu durchsuchen, indem er seine Hand heftig in die eine und dann in die andere Tasche steckte.

„Lass die Verkleidung", schlug Patsy mit einem trotzigen Grinsen vor.

Er wusste, dass er in seiner Person nur einen einzigen Artikel trug, der auf seine Berufung hindeutete, und selbst angesichts dessen war er bereit, ihn zu leugnen.

Es kam sofort zum Vorschein – sein treuer Revolver.

"Aha! Was ist das?" rief Conley, als er die Waffe aus Patsys Gesäßtasche zog. „ Du trägst also eine Waffe, oder?"

„ Klar , das tue ich", versicherte Patsy kühl. „Du würdest auch eine Waffe tragen, wenn in deinem Keller so viele Ratten wären wie in meinem."

„Du bist die Ratte", knurrte Badger wütend, als sein Verbündeter die Waffe zeigte.

„Sie irren sich, Herr", beharrte Patsy. „Ich bin ein Ratter, aber keine Ratte."

„Was meinst du damit?" knurrte Conley heftig.

„Ich meine, ich bin ein Rattenjäger", sagte Patsy mit trockener Bedeutung.

„Sie sind ein Detektiv", rief Badger.

„Das ist er, Amos", ergänzte Vic Clayton, weiß vor zunehmender Besorgnis. „Er muss einer der Bostoner Streitkräfte sein ."

"Nein, bin ich nicht."

„Nicht einer von der Truppe ?"

"Nichts Derartiges."

„Wenn du lügst, Junge, wird dich die Lüge mit Sicherheit das Leben kosten –"

Was Badger noch gesagt hätte, kann nur vermutet werden, denn während er sprach und heftig mit der Faust auf Patsys hilflosen Kopf schüttelte, ertönte von der Kiesauffahrt draußen und über die hohlen Planken der Veranda das schwere Stampfen eiliger Füße.

"Wer ist das?" rief Claudia und sprang erschrocken von ihrem Stuhl auf.

„Die Tür, Conley!" zischte Dachs. „Halten Sie die Waffe bereit!"

Bevor Conley jedoch die Tür erreichen konnte, zu der er mit Patsys Revolver in der Hand eilte, wurde diese hastig geöffnet und ein blasser, grünäugiger Schlingel sprang atemlos in die Küche.

„Oh, es ist Sandy Hyde!" rief Vic mit einem kleinen zufriedenen Schrei aus.

„Wer zum Teufel ist er?" dachte Patsy und betrachtete scharf den keuchenden Kerl.

Obwohl dieser Auftritt von Hyde bei jedem einen Ausdruck der Erleichterung hervorrief, hielt Badger die drohenden Geschäfte, die gerade anstanden, unter strenger Kontrolle und forderte fast sofort:

„Was führt dich hierher, Sandy?"

„Warte, bis ich wieder zu Atem komme, dann sage ich es dir ", keuchte Hyde. „Ich bin den ganzen Weg vom Trolley gelaufen. Der Chef hat mich bis vor einer halben Stunde bei der Arbeit behalten."

„Stimmt im Hauptquartier etwas nicht?" knurrte Badger schnell.

"Was ist das?" murmelte Patsy im Geiste. „Ein Spion aus dem Büro des Chefs, oder ich fresse meine Stiefel! Beim Donner! Es ist kein Wunder, dass dieser Fall die Bemühungen der Bostoner Polizei zunichte gemacht hat."

Patsy war schnell genug, um alles zu erkennen , was es bedeutete, für den Fall, dass er mit seiner unmittelbaren Vermutung Recht hatte.

Sandy Hyde, die einen Moment innegehalten hatte, um an der Küchenspüle etwas Wasser zu trinken, beeilte sich nun, auf Badgers Frage zu antworten.

„Falsch im Hauptquartier? Ich sollte das sagen!" er weinte. „Mir ist gerade vor weniger als einer Stunde etwas aufgefallen. Wer ist dieser Kerl?"

„Kümmere dich im Moment nicht um ihn", rief Badger voller Ungeduld. "Was hast du gelernt?"

„Nick Carter hat hier einen Assistenten für diesen Fall", antwortete Hyde.

„Nicht Chick Carter!"

"Ja."

"Hast du ihn gesehen?"

"Sicher! Er war gegen fünf Uhr im Hauptquartier.

"Wofür?"

„Er hat versucht, Nick ausfindig zu machen.“

„Wir haben Nick, in Ordnung“, höhnte Badger mit einem spöttischen Lachen. „Aber diesen anderen, diesen Chick Carter, von dem ich oft gehört habe, den kenne ich nicht vom Sehen.“

„Ich auch nicht“, warf Conley ein und runzelte die Stirn.

„Sind Sie sicher, dass er es nicht ist?“

„Absolut sicher“, rief Hyde mit einem Blick auf Patsy. „Ich kenne diesen Kerl nicht.“

„Dann gehört er nicht zur Bostoner Truppe “, erklärte Vic hoffnungsvoller. „Da hat er nicht gelogen.“

Badger wandte sich wieder Patsy zu, senkte sich und wurde dunkel, und Patsy gewann einen Punkt, indem sie schnell sagte:

„ Natürlich habe ich nicht gelogen. Ich würde Damen und Herren wie Sie nicht anlügen.“

„Nein, dieser Kerl ist kein Bostoner Detektiv, das schwöre ich“, erklärte Hyde nun. „Ich kenne sie alle.“

„Aber Chick Carter –“ begann Badger.

„Oh, er sieht nicht aus wie dieser Kerl“, unterbrach Hyde.

„Das tut er nicht, was?“

"Kein Bisschen! Chick Carter ist älter, ein kräftiger, gut gebauter junger Mann mit glatten, klaren Gesichtszügen und …“

"Stoppen!" schrie Vic Clayton und sprang plötzlich von ihrem Stuhl auf.

"Also?"

„Wie war er gekleidet, als Sie ihn um fünf Uhr sahen?“

„Er sagte, er würde in Ihr Büro gehen“, rief Hyde und wandte sich nun wieder dem Geschäft zu, das ihn dorthin geführt hatte. „Er trug einen karierten Anzug, eine gepunktete Krawatte –“

„Henderson!" schrie Vic, ganz zitternd vor Aufregung. „Dieser Henderson, Amos, war Chick Carter!"

„Kein Zweifel!" keuchte Claudia Badger, so weiß wie der Spitzenknoten an ihrem Hals.

„Und deshalb hat er sich nach Nick Carter erkundigt", erklärte Badger, der nun allmählich zu begreifen begann, dass sich möglicherweise bereits ein Netzwerk um ihn schloss.

„Das ist es, Amos."

„Weißt du, wohin Chick Carter gegangen ist, nachdem er deine Zimmer verlassen hat, Vic?"

"Natürlich nicht. Wie soll ich?"

„Er hätte es sagen können."

„Er sagte, er würde zu Carters Hotel gehen."

„Bosh!"

„Ich werde Ihnen jedoch sagen, was ich weiß", rief Vic, als ihm ein nachträglicher Einfall einfiel.

"Was ist das?"

„Ich weiß, dass dieser junge Teufel in diesen Wäschekorb geraten sein muss, als Chick Carter in meinem Zimmer war, Amos, und es steht hundert zu eins, dass die beiden gemeinsam an diesem Fall gearbeitet haben."

„Mensch! Diesmal hat sie mich gut und hart getroffen", dachte Patsy und wünschte, er hätte sie zum Schweigen gebracht. „Jetzt wird sich etwas tun, da werde ich bis ans Limit gehen."

Er las die Gesichter der Menschen um ihn herum richtig.

Die Bedeutung von Vic Claytons Erklärung war absolut unwiderstehlich.

„Was sagst du dazu?" donnerte Badger und schritt näher an Patsy heran, mit wütenden und vor Wut verzerrten Gesichtszügen.

„Ich weiß nicht , wovon sie redet", protestierte Patsy kühl.

"Du lügst!" brüllte Conley. „Sie sind einer von Nick Carters Helfern, oder –"

„Halten Sie ein bisschen inne!" unterbrach Badger mit schrecklicher Strenge. „Wir werden bald wissen, ob er es ist oder nicht!"

„Was meinst du ?"

„Ich werde die Wahrheit aus ihm herausbekommen!" schnaubte Dachs. „Bring ihn hinter mir her, zurück in die Garage. Ich werde ihn dazu bringen, die Wahrheit zu gestehen und uns zu sagen, wo wir stehen. Wir werden ihn am Hals an einen der Balken binden – und dort wird er hängen, wenn er nicht die ganze Wahrheit sagt! Bringt ihn mit, ihr zwei, und macht einen lebhaften Eindruck! Ich gehe weiter und öffne die Türen."

„Ja, da ist was los!" dachte Patsy und dachte über die drohende Gefahr nach. „Sie werden versuchen, mich aufzuhängen – aber sie werden es vergeblich versuchen! Dennoch hoffe ich eher, dass Chick noch rechtzeitig auftaucht, um meinen kostbaren Hals zu retten."

Diese Gedanken gingen Patsy durch den Kopf, während er von Conley und Hyde unsanft aus der Tür gedrängt wurde, während Amos Badger vorauseilte.

Beide Frauen folgten ihnen, zu beunruhigt über die drohende Gefahr, um die Spannung des Zurückbleibens zu ertragen.

„Sie kümmern sich nicht um mich oder meinen Hals", dachte Patsy. „Wie die Teufelinnen des antiken Roms dürsten sie nach mehr, nachdem sie einmal Blut geschmeckt haben."

Als er von Conley in den Keller gebracht wurde, sah er, dass die Schiebetür geöffnet worden war und dass Badger erneut die Laterne anzündete.

Kaum war dies geschehen, warf der heimtückische Schurke, blind für alles außer den Impulsen seiner völligen Verzweiflung, schnell ein Seil über einen Balken nahe der Decke und knotete dann eine Schlinge um Patsys Hals.

Patsy stand direkt unter dem Balken, so kühl, als würde er gerade gewogen werden.

„Ergreift das Seil, ihr zwei!" schrie Dachs heftig.

Conley und Hyde sprangen auf die lockere Linie.

zum Bösen erzogen waren , zogen sich mit ehrfürchtigen weißen Gesichtern und großen Augen zurück.

„Nun, Junge, was sagst du?" donnerte Badger und konfrontierte Patsy mit wütendem Gesicht und leuchtenden Augen.

Patsy begegnete ihm auf Augenhöhe.

„Nur das, was ich bereits gesagt habe", antwortete er knapp.

"Nichts mehr?"

„Nichts weiter, Herr!“

„Noch weniger?“

„Noch weniger!“

„Auf mit ihm!“ brüllte Badger und wandte sich grimmig an seine Verbündeten.

Patsy spürte, wie sich das Seil um seinen Hals straffte.

In diesem Moment jedoch ertönte irgendwo draußen in der stillen Abendluft das scharfe, boshafte Knallen eines Revolvers.

Es vermischte sich mit einem einzigen qualvollen Aufschrei – und ein Bluthund lag ausgestreckt auf der Grünfläche, direkt zwischen seinen Augen erschossen!

KAPITEL XIX.
NICK CARTERS FLUCHT.

Stille und Dunkelheit.

In diesen wurde Nick Carter zu einer früheren Stunde dieses ereignisreichen Abends eingesperrt, an Händen und Füßen gefesselt und mit dem Rücken an die kalte Steinwand des stillgelegten Weinkellers gelehnt.

Es wäre jedoch eine Ungerechtigkeit gegenüber seinen angeborenen Qualitäten und seltenen Fähigkeiten, die ihn zu dem gemacht hatten, was er war, wenn er es versäumte, seine Bewegungen während der Zeit darzustellen, in der seine Entführer so intensiv mit Patsy beschäftigt waren.

Nick wusste natürlich überhaupt nichts von Chicks und Patsys Entdeckungen und Plänen, seit er sich an diesem Morgen im Adams House von ihnen trennte.

Dass sie aufgrund seiner Abwesenheit so schnell vermutet hatten, dass etwas nicht stimmte, oder dass er sich auf sie verlassen konnte, wenn es um sofortige Hilfe ging, hätte er sich nicht einen Moment vorstellen können. Denn es waren nur wenige Stunden nach dem vereinbarten Termin vergangen, und jeder gewöhnliche Vorfall hätte ihn so lange aufhalten können.

Doch Kaum hatte Amos Badger die Tür zum Weinkeller geschlossen, begann Nick Carter über eine Flucht nachzudenken.

„Was auch immer ich erreiche", sagte er sich, „das muss ich alleine schaffen." Es besteht kaum eine Chance, dass Chick und Patsy bisher irgendeinen Hinweis auf meinen Aufenthaltsort gefunden haben, auch wenn sie jetzt vermuten, dass mir ein schreckliches Missgeschick widerfahren ist, also muss ich damit rechnen, dass ich allein dabei bin, diesen Ort zu verlassen. Ich werde es zumindest versuchen, und wenn – Hallo! Was hat das zu bedeuten, frage ich mich?"

Von irgendwo draußen war, schwach an seine Ohren herangetragen, das wütende Bellen eines Hundes zu hören, vermischt mit den Schreien der Männer und den Schreien der Frauen.

Eine halbe Minute lang lauschte Nick aufmerksam, aber die erschreckenden Geräusche ließen nicht lange auf sich warten, und bald herrschte im Weinkeller nur noch Stille.

Halten Sie kurz inne – nicht ganz Stille!

Aus einer Ecke kam ein schwaches Geräusch, das Nicks Ohr schnell wahrnahm.

Es war das stetige Tropfen, Tropfen, Tropfen von Wasser, das von einem Punkt oberhalb des Bodens kam.

Nick erinnerte sich, in der Ecke ein stehendes Becken gesehen zu haben, aus dem das Tropfen ertönte, und er schloss zu Recht, dass es oben, möglicherweise im Stall, eine Wasserversorgung geben musste und dass ein beträchtliches Leck bestand.

„Meine erste Arbeit muss darin bestehen, mir die Freiheit zu verschaffen", sagte er nach ein paar Augenblicken im Selbstgespräch.

Sie lagen gleichauf hinter ihm, aber das war Nick Carter egal.

Während sich die Laterne im Gewölbe befand, hatte Nick während seines Gesprächs mit Badger die umliegenden Steinmauern visuell untersucht und mehrere Stellen entdeckt, an denen die rauen Ecken der Steine ein wenig hervorstanden und ziemlich scharfe Kanten bildeten.

Gegen einen davon wich er zurück, nachdem er mit einiger Mühe auf die Beine gekommen war, bis er das Seil um seine Handgelenke an die Kante des Steins drücken konnte.

Dann fing er an, es auf und ab zu sägen, wobei er ein wenig Haut von seinen Knöcheln verlor, und nach fünf Minuten spürte er, wie einer der Stränge nachgab und brach. Dann gelang es ihm mit großer Anstrengung, das gesamte Seil zu zerreißen, und die Befreiung seiner Hände wurde sofort leicht.

„Wenn du jetzt hier herunterkommst, Dachs, wirst du herzlicher empfangen als zuvor", murmelte er entschlossen, während er sich an die Fesseln um seine Knöchel machte.

Nach drei Minuten waren auch seine Gliedmaßen frei, und Nick warf die Seile kühl zur Seite.

„Als nächstes gilt es, einen Weg hier raus zu finden", war sein geistiger Kommentar.

Ihm war aufgefallen, dass kein Fenster vorhanden war, und er hatte nur wenig Hoffnung, die schwere Tür aufbrechen zu können, da ihm Messer und Revolver abhanden gekommen waren.

Nachdem er die Tür untersucht hatte, zu der er durch die Dunkelheit tastete, kam er zu dem Schluss, dass er dort nichts erreichen konnte.

Das ständige Tropfen des Wassers war jedoch immer noch zu hören und Nick überlegte nun geschickt:

„Das Wasser muss einen Abflussweg haben und kann unter der Grundmauer in dieser Ecke verlaufen. Wenn das der Fall ist, sollte der Boden weich und schlammig sein, und ich kann vielleicht einen Weg nach draußen graben oder zumindest unter der Mauer arbeiten und herausfinden, was dahinter liegt. Ich werde es auf jeden Fall versuchen."

Als er zur Ecke tastete, stolperte er über eines der bereits erwähnten leeren Bierfässer.

"Ha! Hier ist genau das Richtige, vorausgesetzt, ich kann es zerschlagen", sagte er sich. „Einer dieser Eichenstäbe eignet sich hervorragend als Spaten."

Er packte das Fass am Glockenspiel und schleuderte es mit aller Kraft gegen eine der Wände.

Es gab einen doppelten Effekt.

Zuerst brach das Fass und krachte laut, als mehrere der Dauben unter dem gewaltigen Schlag nachgaben.

Zweitens fiel einen Moment später ein Stück Stein von der Wand mit einem Platschen in das Wasserbecken.

Nick untersuchte dann die Wand.

Er stellte fest, dass das ständige Austreten von oben den alten Zement und Mörtel aufgeweicht hatte und dass die Steine an dieser Stelle mit fast jedem robusten Werkzeug entfernt werden konnten.

In einer halben Minute hatte er das Bierfass zerstört und einen der starken Dauben in seiner Hand.

Damit griff er als nächstes das Mauerwerk in der Nähe des Teichs an und arbeitete zehn Minuten lang so energisch und schnell, wie es die Dunkelheit erlaubte.

Dann ließ er zwei der unteren Steine aus der Mauer ziehen und einen Raum schaffen, der groß genug war, um hindurchkriechen zu können.

Als er auf diese Öffnung lauschte, konnte er nun ganz in der Nähe ein anderes Geräusch wahrnehmen. Es war das gelegentliche Stampfen von Pferden, offensichtlich in ihren Ställen.

"Hm!" grunzte Nick. „Ich bin mir schließlich nicht sicher, ob ich raus bin. Dieses Loch führt mich offensichtlich in einen Keller unter dem Stall oder der Remise. Von Jove! Es kann sein, dass Badger hier unten ein

Versteck für seine Pferde hat, die gelegentlich als Überfall genutzt werden. Ich werde es schnell herausfinden."

Mit einiger Mühe kroch Nick durch das Loch in der Wand, stand an der Außenseite auf und tastete sich vorsichtig durch die Dunkelheit.

Plötzlich berührten seine ausgestreckten Hände – ein Auto!

Er befand sich in der Innengarage, dem Geheimversteck von Badgers mehreren Autos.

Nick hatte jedoch eine halbe Stunde gebraucht, um das alles zu erledigen, und bevor er sich auf etwas Bestimmtes über seinen gegenwärtigen Aufenthaltsort festlegen konnte, hörte er draußen Stimmen, und hastig öffnete sich eine Tür.

"Hm!" er grunzte im Geiste. „Kehren meine Entführer zurück? Diesmal werden sie mich bereit für sie vorfinden!"

Dann hockte er sich schnell hinter das Auto, mit dem er in Berührung gekommen war.

Plötzlich hatte sich die Schiebetür geöffnet und das Licht der Wandlampe draußen schoss in den Anbaukeller.

In dem Moment, als Nicks Blick auf die Reihe der Autos fiel, erriet er die ganze Wahrheit über den Ort.

Sein Interesse galt jedoch hauptsächlich zwei Männern, die eilig mit einem dritten in den Ort stürmten, dicht gefolgt von zwei Frauen, während Badger sich beeilte, eine Laterne anzuzünden.

"Guter Himmel!" rief Nick im Geiste aus. „Ihre Gefangene ist Patsy!"

Er beobachtete und wartete und schloss immer mehr aus dem Wenigen, das er hörte, und währenddessen wurden seine strengen weißen Gesichtszüge, die immer noch mit Bandagen umwickelt waren, hart wie Feuerstein.

Patsy spürte, wie sich das Seil um seinen Hals festigte.

Dann ertönte von draußen der Revolverschuss.

Als nächstes sprang eine dunkle Gestalt vom Heck des Tourenwagens hervor – mit dem Satz eines wütenden Löwen.

Zwei geballte Hände hoben und senkten sich, und zwei Männer, die an einem Seil zogen, das über einen Balken geworfen war, wurden bewusstlos zu Boden geschleudert und zitterten in allen Muskeln, wie ein Ochse zittert, wenn man ihn in der Schlacht niederschlägt.

Dann schlossen sich zwei Hände um Amos Badgers Kehle, und in den Ohren des Bösewichts erklangen eine Stimme und Worte, die ihm alle Kraft und Männlichkeit, falls überhaupt welche vorhanden waren, völlig entzogen.

„Du wirst es sein, Dachs, nicht ich!"

„Whoop la!" schrie Patsy. „Es ist Nick selbst!"

Zwei Frauen, die Angst um ihr elendes Leben hatten, drehten sich um und rannten zur offenen Tür – nur um sich in die bereitwilligen Arme von Chick Carter zu stürzen.

Chick war erst kurz zuvor am Waldrand angekommen und hatte gesehen, wie Patsy aus dem Haus und in den Keller der Garage gebracht wurde. Chick hatte sich beeilt, den Rasen zu überqueren und zu helfen, wie er es versprochen hatte, und war auf den Bluthund gestoßen, hatte ihn mit einem einzigen, gezielten Schuss getötet und war dann weiter und in die Garage gestürmt, gerade rechtzeitig, um Vic Clayton zu entkommen Claudia Badger, als sie sich umdrehten, um zu fliehen.

Der Rest sei kurz erzählt, denn eine vollständigere und erfolgreichere Zusammenfassung könnte man sich kaum vorstellen. In weniger als zehn Minuten war die gesamte Bande gefesselt, und dreißig Minuten später fuhren sie im örtlichen Streifenwagen statt in einem Packard-Wagen.

Die Enthüllung ihres schurkischen Plans war ebenfalls vollständig, als der Fall wenig später vor Gericht kam, denn Nick Carter fand in und um das Haus und den Stall zahlreiche Beweise, die bewiesen, dass seine Schlussfolgerungen von Anfang an völlig richtig gewesen waren.

Glücklicherweise fand er auch Briefe und Hinweise, die es ihm ermöglichten, einen Großteil des gestohlenen Eigentums aufzuspüren, mit dem Badger Tausende von Dollar verdient hatte und das schließlich seinen rechtmäßigen Besitzern zurückgegeben wurde.

In Badgers Safe fand Nick seine eigene Uhr und Kette, aber das Geld, das ihm geraubt worden war, fehlte. Sein Erfolg mit dem Fall war jedoch eine Belohnung, die seinen unbedeutenden Verlust weit mehr als wettmachte.

Chief Weston war verblüfft, als er erfuhr, mit welchen Mitteln die Bostoner Kriminalbeamten bei ihren Bemühungen, diese Straßenräuber aufzuspüren, vereitelt worden waren, und seine Dankbarkeit gegenüber Nick wurde nur von seiner Bitterkeit gegenüber Sandy Hyde übertroffen, und er sorgte dafür, dass der verräterische Schuft eine ebenso lange Strafe erhielt wie die anderen Mitglieder der Badger-Bande – und das war eines von vielen Jahren.

Lange bevor einer von ihnen freigelassen wurde, war das Badger-Haus in der Nähe von Brookline in andere Hände übergegangen und unter einer hohen Hypothek verkauft worden, und von diesem Zeitpunkt an kannte Tremont Street die berüchtigte Madame Victoria nicht mehr.

Sie alle verschwanden, wie sie es verdient hatten, aus dem Bewusstsein der Öffentlichkeit und aus den Herzen und dem Leben befreundeter Bekannter – von dem Moment an, als Nick Carter ihnen ihr wahres Gesicht zeigte und ihnen die Tür einer Gefängniszelle verschloss.

DAS ENDE.